MORITZ WOLLERT

UNNÜTZES WISSEN

OLYMPIA

MORITZ WOLLERT

UNNÜTZES WISSEN

OLYMPIA

DIE UNGLAUBLICHSTEN FAKTEN ZU DEN OLYMPISCHEN SOMMERSPIELEN

riva

Bibliografische Information der Deutschen Nationalbibliothek
Die Deutsche Nationalbibliothek verzeichnet diese Publikation in der Deutschen Nationalbibliografie. Detaillierte bibliografische Daten sind im Internet über http://dnb.d-nb.de abrufbar.

Für Fragen und Anregungen
info@m-vg.de

Wichtiger Hinweis
Ausschließlich zum Zweck der besseren Lesbarkeit wurde auf eine genderspezifische Schreibweise sowie eine Mehrfachbezeichnung verzichtet. Alle personenbezogenen Bezeichnungen sind somit geschlechtsneutral zu verstehen.

Originalausgabe
1. Auflage 2024
© 2024 by riva Verlag, ein Imprint der Münchner Verlagsgruppe GmbH
Türkenstraße 89
80799 München
Tel.: 089 651285-0

Redaktion: Dr. Ulrich Korn
Umschlaggestaltung: Isabella Dorsch
Umschlagabbildungen: Shutterstock.com/iconspro, Olha Turchenko, ArtMari
Satz: abavo GmbH, Buchloe
Druck: ScandBook, Litauen
Printed in the EU

ISBN Print 978-3-7423-2669-0
ISBN E-Book (PDF) 978-3-7453-2430-3
ISBN E-Book (EPUB, Mobi) 978-3-7453-2431-0

Weitere Informationen zum Verlag finden Sie unter

www.rivaverlag.de

Beachten Sie auch unsere weiteren Verlage unter www.m-vg.de

INHALT

VORWORT

Alle vier Jahre begeistern die Olympischen Sommerspiele Millionen Menschen auf der ganzen Welt. Sie
taten es schon in der Antike, in der vor mehr als tau-
send Jahren der Grundstein für jene Wettkämpfe
gelegt wurde, die Ende des 19. Jahrhunderts unter
Pierre de Coubertin als Spiele der Neuzeit wieder auf-
lebten. Schon seit jeher sind die Olympischen Spiele dabei eigentlich mehr als die nur physisch statt-
findenden Disziplinen auf der Tartanbahn, im Becken
oder in der Halle. Olympia liegt die Idee eines unschuldigen Sports zugrunde, der mit Fairness sowie
als Selbstzweck betrieben wird und damit ein Ideal
für die menschliche Zivilisation an sich repräsentieren soll. Auch wenn der olympische Geist diesem
Motto nicht immer gerecht wird, so hat sich in der
Historie Olympias doch eine schier unendliche Zahl
an Fakten, Anekdoten oder Rekorden angesammelt,
die oft gleichermaßen den Menschen faszinieren und
berühren. Von all diesen Geschichten möchte dieses
Buch einen kleinen Teil erzählen.

HISTORISCHES

Spiele zu Ehren des Göttervaters Zeus

In der Urzeit besteht die sportliche Betätigung der Menschen vornehmlich daraus, vor gefräßigen Säbelzahntigern wegzulaufen, sich mit aggressiven Bären zu duellieren oder Jagd auf gigantische Mammuts zu machen. Später aber erhält der Sport an sich Einzug in die menschliche Kultur, wenn auch anfangs nicht bloß aus Spaß an der Freude. Im antiken Griechenland haben spielerische Wettkämpfe nämlich meist eine spirituelle Bedeutung, werden sie doch zum Beispiel zu Ehren der Verstorbenen oder der Götter abgehalten.

In diesem Zuge entstehen auch die Olympischen Spiele, die 776 v. Chr. zum ersten Mal dem Göttervater Zeus gewidmet sind und durch ein Abkommen der Könige Iphitos von Elis, Kleisthenes von Pisa und Lykurgos von Sparta geregelt werden. Austragungsort für die höchstreligiöse Veranstaltung ist der heilige Hain von Olympia, ein kleines Waldstück am Zusammenfluss des Kladeos und Alpheios in Elis im Nordwesten der Halbinsel Peloponnes. Warum hier? Angeblich soll Zeus an diesem Ort selbst einmal residiert und sogar seinen berühmten Donnerkeil in den heiligen Boden gerammt haben. Früher war die Landschaft bei Elis noch bewohnt, mit der Weihung als Heiligtum zu Ehren des Zeus hat dies jedoch sein Ende gefunden.

Weitere Spiele an anderen Orten

Die antiken Griechen haben so viel Freude an den religiösen Sportfesten zu Ehren ihrer Götter, dass sie über die Jahre gleich vier nationale Spiele ins Leben rufen. Die Panhellenischen Spiele bestehen neben den in Olympia ausgetragenen Wettkämpfen aus den Pythischen Spielen in Delphi zu Ehren Apollons, den für Poseidon abgehaltenen Isthmischen Spielen in Korinth sowie den Nemeischen Spielen in Nemea. Letztere finden ebenfalls zu Ehren des Zeus statt, laut einer anderen Überlieferung gehen sie auf den berühmten Helden Herakles zurück. Die vier Jahre zwischen den Olympischen Spielen entwickeln sich in Griechenland bald zu einer amtlichen Zeiteinheit, der Olympiade.

An fünf Tagen sollst du Sport treiben

Anfänglich bestehen die Olympischen Spiele nur aus einem Laufwettbewerb über die Distanz eines »Stadions«, das entspricht im alten Hellas 192,28 Meter einer geraden Strecke. Der Gewinner darf anschließend ein Feuer zu Ehren des Zeus entzünden, was für die damaligen Sportler einem Sechser im Lotto gleichkommt. Neben diesem Rennen gilt die Veranstaltung nämlich vor allem als enorm bedeutendes religiöses Fest und wird nicht selten auch als politisches Forum genutzt. Insbesondere in den ersten Jahren können sich eigentlich nur wohlhabende Griechen das Training und die Teilnahme leisten, sie zelebrieren damit sowohl ein Schönheitsideal der damaligen Zeit als auch eine gesellschaftliche Abgrenzung. Mit zunehmender Beliebtheit der Spiele werden die Wettbewerbe namens *Agonen* ausgeweitet und umfassen weitere Laufwettbewerbe, einen Fünfkampf, Pferdesport sowie Kampfdisziplinen, die sogenannte Schwerathletik. Schon bald laufen die Spiele nach einem festen Fünf-Tage-Plan ab, an dessen Abschlusstag eine große Prozession für die Sieger auf dem Programm steht.

Medaillen? Brauchen wir nicht

Bei den Spielen der Antike werden keine Medaillen vergeben. Stattdessen bekommen die Sieger neben Ruhm, Ehre und Steuererleichterungen einen Palmzweig, ein Stirnband und einen Ölzweig verliehen. Diese stammen ausschließlich vom örtlichen Kotinos Kallistefanos, dem »Ölbaum der schönen Kränze«. Die anderen Panhellenischen Spiele bedienen sich damals übrigens unterschiedlicher Pflanzen für ihre Siegerkränze, damit die erfolgreichen Sportler ihrer Preise nicht überdrüssig werden.

Die Griechen lieben ihre Mythen

Um die antiken Spiele und ihre Entstehung ranken sich allerlei Mythen und Legenden. So berichtet etwa eine Version davon, dass König Pelops mit der Erschaffung der Olympischen Spiele seine Blutschuld am Tod des Königs Oinomaos tilgen will, den er mithilfe eines Betrugs im Wagenrennen besiegt und getötet hatte, um die Hand seiner Tochter zu gewinnen. Anschließend belegt der abtrünnige Wagenlenker Myrtilos Pelops mit einem Fluch, da dieser ihm nicht den versprochenen Lohn zahlen will. Nutzen tut es ihm wenig, Pelops stürzt ihn daraufhin nämlich ins Meer. Aber seine Schuldgefühle sollen Pelops, der den Göttern einst als zerstückeltes Mahl vorgesetzt und später wiedererschaffen wurde, auf die Idee mit den Spielen gebracht haben. Das Ganze wirkt recht blutig und passt damit zu den frühen Spielen.

Eine weitere Sage lautet, der Halbgott Herakles habe die Spiele zur Feier des Bestehens einer seiner zwölf berühmten Aufgaben veranstaltet.

Ohne Waffenstillstand keine Spiele

Das antike Griechenland ist ein Sammelbecken von etlichen zerstrittenen Stadtstaaten, ständig liegen viele von ihnen miteinander im Clinch. Allerdings können sich die Könige stets auf einen Waffenstillstand einigen, damit die Olympischen Spiele auch für alle Beteiligten sicher vonstattengehen können. Dieser olympische Friede wird von Boten in ganz Griechenland verkündet und gewährt Aktiven, Ausrichtern sowie Zuschauern eine friedvolle An- und Abreise zu den Spielen.

Die antiken Spiele sind ein absoluter Hit

Auch ohne exzessives »Marketing« avancieren die antiken Olympischen Spiele zum absoluten Hit bei den Zuschauern. Zwischen 40 000 und 50 000 Menschen sollen damals alle vier Jahre nach Olympia gepilgert sein, um bei den Wettkämpfen mitfiebern zu können. Für die damaligen Politiker bedeutet dies aber nicht immer nur etwas Positives. Als die Perser unter Großkönig Xerxes I. 480 v. Chr. in Griechenland einmarschieren, fällt es manchem angegriffenen Staat schwer, eigene Armeen auf die Beine zu stellen. Der Grund liegt in ihrer Begeisterung für den Sport: Zu viele Menschen wollen nämlich angeblich lieber den Olympischen Spielen beiwohnen als die Heimat verteidigen. Am Ende geht es für die Griechen trotz mehrfacher Verwüstung Athens doch noch gut aus. Nachdem König Leonidas und seine Spartaner lange am engen Thermopylen-Pass standgehalten haben, können die Invasoren in der Seeschlacht von Salamis und auf der Ebene von Plataiai geschlagen werden. Und somit sind auch die Spiele für die Zukunft gerettet, sehr zur Freude vieler Griechen.

Großes Spektakel und heilloses Chaos zugleich

So frenetisch die Olympischen Spiele der Antike auch bejubelt werden, besonders komfortabel oder angenehm ist der Aufenthalt vor Ort keineswegs. Vielmehr gleicht die Szenerie einem gigantischen Volksfest, das neben Teilnehmenden, Händlern oder Künstlern auch allerlei zwielichtige Personen anzieht. All jene reisen meist über Tage und Wochen an, um vor Ort ein Zelt aufzuschlagen und unter katastrophalen hygienischen Bedingungen zu leiden. Sanitäre Anlagen? Fehlanzeige! Die Stimmung an den zumeist heißen Sommertagen ist laut, angespannt und buchstäblich aufgeheizt, immer wieder herrscht Wassermangel. Obendrein hängt ein moderner Geruch von Blut und toten Tieren in der Luft, schließlich werden jedes Mal zur Halbzeit der Spiele 100 Ochsen zu Ehren des Zeus geopfert. Zudem werden auf anderen der insgesamt 70 Altäre des Geländes weitere Tieropfer dargebracht. Womit dann immerhin die Götter milde gestimmt sind.

Mit den Frauen ist es anfangs so eine Sache

Frauen dürfen in der Antike nicht an den olympischen Wettbewerben teilnehmen, verheiratete Damen sind nicht einmal als Zuschauer bei den Spielen zugelassen. Im Wagenrennen können sie als Besitzerinnen der Pferde dennoch in den Kreis der Olympiasieger vorstoßen, so 396 v. Chr. erstmals geschehen durch die Königstochter Kyniska von Sparta. Zu ihrer eigenen Ehre lässt sie daraufhin direkt zwei Bronzestatuen von sich selbst anfertigen, dem besonderen Ereignis angemessen. Sie ist aber nicht die einzige Frau, die bei den antiken Spielen Berühmtheit erlangt.

Kallipatira von Rhodos, was übersetzt so viel wie »die mit dem tapferen Vater« bedeutet, stammt aus einer höchst sportlichen Familie, ihr Papa, ihre Brüder und ihre Söhne sind allesamt erfolgreiche Olympioniken. Um ihren Sohn Peisirodos beim Boxen zu unterstützen, verkleidet sie sich als männlicher Trainer und wohnt so seinem Sieg bei. Jubelnd springt sie über die Balustrade, ihre Verkleidung wird bemerkt. Auch wenn auf dieses Vergehen eigentlich die Todesstrafe steht, drücken die Verantwortlichen aufgrund von Kallipatiras berühmter Familie ein Auge zu. Fortan müssen aber neben den meisten Athleten auch alle Trainer nackt zu den Spielen erscheinen.

Im antiken Griechenland geht es hart zu

Aufgrund ihres martialischen und dramatischen Charakters ist besonders die Schwerathletik bei den Griechen beliebt, hierbei handelt es sich um die drei Disziplinen Faustkampf, Ringkampf und das sogenannte Pankration. Geboxt wird ohne Zeitlimit, Gewichtsklassen oder Punktesystem. Zunächst begnügt man sich mit Lederriemen an den Händen, später beschwert man jene manchmal mit Eisen oder Blei. In Sachen Brutalität kann das Pankration, der Allkampf, dabei ohne Probleme mithalten, gibt es doch eigentlich nur zwei Regeln: Man darf den Gegner nicht beißen und ihm nicht in die Augen stechen. Der Rest ist der eigenen kämpferischen Fantasie überlassen, bis der andere das Bewusstsein verliert beziehungsweise in Form eines gehobenen Zeigefingers aufgibt – oder das eben infolge seines Ablebens nicht mehr vermag. Tatsächlich sterben regelmäßig Athleten bei den antiken Spielen, was aber durchaus als – nennen wir es zweifelhafte – Ehre wahrgenommen wird.

Nach mehr als 1000 Jahren enden die Spiele

Der wachsende römische Einfluss auf dem griechischen Territorium hat ab dem 2. Jahrhundert v. Chr. auch merkliche Auswirkungen auf die Olympischen Spiele. Der römische Diktator Sulla lässt nach einer Plünderung Olympias und Delphis die Wettkämpfe 80 v. Chr. in Rom selbst austragen, knapp eineinhalb Jahrhunderte später reist der römische Kaiser Nero nach Griechenland und nimmt selbst an den Spielen teil.

Die vermutlich letzten Spiele werden 393 n. Chr. ausgetragen, ein Jahr später werden vom römischen Kaiser Theodosius I. alle heidnischen Feste zugunsten des nun faktisch als Staatsreligion erachteten Christentums verboten. Darunter fallen auch die Olympischen Spiele der Antike. Römische Zerstörung und Feuer verschlingen über die Jahre die Tempel, Erdrutsche begraben einstige Prachtbauten unter sich. Zeitweise ist Olympia unter einer fünf Meter dicken Sandschicht versteckt. Erst 1766 entdeckt der englische Archäologe Richard Chandler die Stätten auf seinen Reisen in Griechenland wieder, gut ein Jahrhundert später nimmt eine preußische Expedition umfassende Ausgrabungen vor und legt etliche Geheimnisse der Antike für die Moderne frei.

Die Renaissance der olympischen Idee

Mit der Wiederentdeckung der olympischen Stätten in Griechenland lebt auch die Idee der Spiele wieder auf. Reihenweise formieren sich Gruppen und starten ihre eigenen »Spiele«, von den Cotswolds in England über Stockholm bis hinein ins Herz Frankreichs während der dortigen Revolution. Langfristig auf die Beine kommt aber keine dieser Veranstaltungen, was Ende des 19. Jahrhunderts einen gewissen Charles Pierre de Frédy auf den Plan ruft, besser bekannt als Baron de Coubertin. Dieser verzichtet auf die für ihn vorgesehene Offizierslaufbahn und wendet sich lieber der Pädagogik zu, für die er Sport und Leibesertüchtigung als essenziell betrachtet. Gleichermaßen ist der Aristokrat mit einem profunden geschicht-lichen Wissen gesegnet und schafft somit eine Ver-bindung zu Olympia. Von 1889 an setzt er sich für eine internationale Neuauflage der Spiele ein. Er knüpft Kontakte zu anderen olympischen Bewegungen in dem von ihm schon vorher oft bereisten England und streckt seine Fühler nach Griechenland aus. Vom 16. bis zum 23. Juni 1894 schafft es Coubertin, etliche Verbände der Welt zum ersten Olympischen Kongress der Geschichte an der Pariser Sorbonne zu versammeln und gründet dort das heutige Inter-nationale Olympische Komitee, gemeinhin als IOC bekannt. Damit kommt der Stein der Olympischen Spiele der Neuzeit enorm ins Rollen.

Coubertins großes Ideal

Physisch gesehen ist Pierre de Coubertin mit 1,62 Me-tern nicht besonders groß, aber seine Visionen für die Olympischen Spiele der Neuzeit sind dafür umso um-fangreicher. Getreu dem historischen Vorbild sieht er die internationalen Wettbewerbe im politisch in-stabilen Europa seinerzeit als ein Symbol für den Frieden, verpasst ihnen das Motto »Alle Sportarten, alle Nationen« und sieht sich vom englischen Team-gedanken inspiriert, den er auf seinen Reisen durch britische Schulen kennenlernt. Da er sehr nahe am antiken Olympia verfahren möchte, lässt er zunächst keine Frauen zu den Spielen zu, revidiert dieses Urteil aber schon bald. Den berühmten Satz »Dabeisein ist alles«, für viele noch heute ein vorrangiges olympisches Ideal, hat Coubertin so allerdings nie gesagt. Vielmehr zitiert er den amerikanischen Bischof Ethelbert Talbot mit den Worten: »Das Wichtige im Leben ist nicht der Triumph, sondern die Mühe, das Essenzielle ist nicht der Sieg, sondern dass man gut gekämpft hat.« Klingt fast wie »Dabeisein ist alles«, im Kern hat das Leitbild über viele Jahrzehnte Bestand. Auch ein weiteres Zitat, das Coubertin zugeschrieben wird, lautet anders: »Schneller, höher, weiter« heißt eigentlich »Schneller, höher, stärker«, so wie es Coubertins Freund Henri Didon als Sportlermotto *Citius, altius, fortius* einst ausrief.

Keine Profis, bitte schön!

Coubertin ist in seinen Vorstellungen nachhaltig von der Sportidee Großbritanniens geprägt, genauer gesagt jener der britischen Upper Class im 19. Jahrhundert. Diese sieht Sport als klassischen Wettkampf um der Werte wegen, unter anderem hält sie Fair Play, Stoizismus und Selbstoptimierung hoch. Dies geht einher mit einer strikten Unterstützung des Amateurgedankens, der Sport darf nicht durch Geld oder anderweitige Einflüsse korrumpiert werden und soll lediglich noblen Zielen dienen – eben der Liebe zum Sport selbst. Schließlich stammt das Wort Amateur von der lateinischen Bezeichnung für Liebhaber (*amator*) ab.

Friede sei mit Olympia

In einer Zeit, in welcher der Krieg in Europa noch als Fortsetzung der Politik mit anderen Mitteln verstanden und der Kontinent von stetigen Spannungen zwischen Nationen erschüttert wird, setzt Pierre de Coubertin voll auf Frieden. Die Wiederbelebung der Olympischen Spiele sieht er als pazifistisches Hilfsmittel. So sind 80 Prozent der Ehrenmitglieder des ersten Olympischen Kongresses 1894 ebenfalls Mitglieder in Friedensorganisationen, fünf davon plus eine Institution gewinnen später sogar den Friedensnobelpreis.

Aller Anfang ist schwer und kostspielig

Die ersten Olympischen Spiele der Neuzeit stehen zunächst unter keinem guten Stern. Coubertin hätte die Wettbewerbe gerne in seiner Heimatstadt Paris gesehen, andere favorisieren eine Austragung in Griechenland zu Ehren des historischen Erbes. Nach längerem Hin und Her einigt man sich auf Athen als Veranstaltungsort. Die Realisierung im damals finanziell angeschlagenen Griechenland wird zur Hängepartie, erst die Ernennung von Kronprinz Konstantin zum Präsidenten des Organisationskomitees kann dank seiner guten Kontakte die Ausrichtung sichern.

Dass keine Profis mitmachen dürfen, finden einige Nationen trotzdem weniger prickelnd und schicken kleine oder gar keine Kontingente. Die 14 Amateure aus den USA zum Beispiel bezahlen ihren Trip aus eigener Tasche. Teilweise melden sich sogar Urlauber an, die zufällig vor Ort sind, etwa der Ire John Pius Boland, der anschließend sensationell sowohl das Einzel als auch das Doppel beim Tennis gewinnt – mit geliehenem Schläger, versteht sich. Insgesamt nehmen 241 Sportler aus 14 Nationen an den zehntägigen Spielen in Athen Teil, die anschließend als großer Erfolg gefeiert werden. Dieser ist so groß, dass viele Athen als dauerhaften Austragungsort ins Auge fassen. Aber das lässt Coubertin nicht mit sich machen und drückt eine internationale Rotation durch.

Entwicklung zum Jahrhundertwechsel

Wie rapide die olympische Bewegung an Fahrt aufnimmt, zeigen die Teilnehmerzahlen der zweiten modernen Spiele 1900 in Paris. Im Vergleich zu den knapp 250 Athleten von Athen kommen 985 zusätzliche Sportler in die französische Hauptstadt und partizipieren an der als Teil der Weltausstellung ausgerichteten Sportveranstaltung. 72 Prozent davon stammen aus Frankreich, das in manchen Disziplinen die einzige Nation ist, die überhaupt Sportler antreten lässt. Die Zahl der Mannschaften erhöht sich von 14 auf 26, auch Disziplinen gibt es mit 95 statt 43 mehr als doppelt so viele.

Trotzdem herrscht zeitweise noch ein merkliches Durcheinander, mitunter auch deshalb, weil die Spiele nur als Anhängsel an die gleichzeitig in Paris stattfindende Weltausstellung stattfinden. Etliche Sportler schaffen es aufgrund von Terminchaos gar nicht erst zu ihren Wettbewerben, andere wundern sich über die örtlichen Begebenheiten. So haben die Diskus- und Hammerwerfer so wenig Platz für ihre Würfe, dass etliche von ihnen in den nahe liegenden Bäumen landen. Als Hürden für die Leichtathletik werden zerbrochene Telefonmasten benutzt, die unebenen Laufstrecken führen über Gras, und Schwimmwettbewerbe finden in der Seine statt, ungeachtet deren starker Strömung.

Da die Events vom 14. Mai bis zum 28. Oktober über fast sechs Monate verteilt und manche erst ganz spät als olympisch anerkannt werden, bekommen einige Athleten überhaupt nicht mit, dass sie wirklich an einem olympischen Wettbewerb teilgenommen haben. Herzlichen Glückwunsch, Sie sind Olympiasiegerin oder Olympiasieger! Wenn Sie es sagen!

Es gibt etwas zu gewinnen

Heute ist das Triumvirat aus Gold-, Silber- und Bronzemedaillen für die drei Bestplatzierten ein fester Bestandteil des olympischen Weltbilds. Bis es allerdings dazu kommt, braucht es ein paar Jahre von Feldversuchen. So erhalten Sieger bei den ersten modernen Spielen 1896 eine Silbermedaille, einen Olivenzweig und ein Diplom, die Zweitplatzierten bekommen eine Bronze- oder Kupfermedaille, einen Lorbeerzweig sowie ebenfalls ein Diplom. Vier Jahre später werden das einzige Mal in der Geschichte der Spiele viereckige Medaillen ausgegeben, die in vergoldetem Silber, Silber sowie Bronze bereits an die heutige Verteilung erinnern. Sie werden aber bei Weitem nicht für alle Events und zudem unregelmäßig ausgegeben, oftmals erhalten die Gewinner der einzelnen Disziplinen Trophäen wie Teller, Pokale oder sogar Sachpreise. Diese sind in der Regel relativ minderwertig hergestellt und rufen bei den Sportlern nur wenig Begeisterung hervor. Manche Sieger bekommen ihre Preise sogar erst Monate später mit der Post zugeschickt. Ab 1904 aber festigt sich die noch heute populäre Aufteilung in Gold, Silber und Bronze, die alle vier Jahre in einem eigens dafür kreierten Design neu interpretiert wird.

Frauen dürfen offiziell mitmachen

Die Spiele in Paris im Jahr 1900 sind die ersten, an denen auch offiziell Frauen teilnehmen dürfen. Unter anderem beim Tennis treten insgesamt 22 Damen in Paris an, die ersten offiziellen Teilnehmerinnen sind zwei Krocket-Spielerinnen namens Madame Brohy und Mademoiselle Ohnier. Die erste weibliche Olympiasiegerin ist Hélène de Pourtalès, die mit ihrem Mann Hermann und ihrem Neffen Bernard für die Schweiz die erste Wettfahrt in der Bootsklasse 1 bis 2 Tonnen gewinnt. Die erste Einzelsiegerin der Geschichte ist die berühmte Tennisspielerin Charlotte Cooper, die neben ihren fünf Wimbledon-Titeln im Einzel auch zwei Siege bei den Pariser Spielen ihr Eigen nennen kann. Bemerkenswerterweise ist die aggressive Serve-und-Volley-Artistin zum Zeitpunkt ihrer olympischen Triumphe im Einzel und gemischten Doppel auf der szenischen Ile de Puteaux inmitten der Seine bereits komplett taub.

Künstlerische Freiheit

Für Pierre de Coubertin steht von Anfang an fest, dass Sport und Kunst zusammengehören. Ähnlich sei es auch bei den antiken Spielen gewesen, bei denen viele Künstler Olympia als Bühne nutzten, so sein Argument. 1912 schafft es Coubertin endlich, seine Mitstreiter im IOC zu erweichen und künstlerische Disziplinen wie Malerei, Musik, Literatur, Bildhauerei sowie Architektur bei den Spielen zuzulassen. Die Werke müssen dabei einen Bezug zum Sport aufweisen. Einer der ersten Sieger ist mit dem Schützen Walter Winans sogar jemand, der bereits sportliche Medaillen eingeheimst hat und nun mit seiner Bronzeskulptur *An American Trotter* (dt. Amerikanischer Traber) auch seine künstlerische Ader unter Beweis stellt. Außer ihm gelingt dieses doppelte Kunststück nur noch dem einstigen ungarischen Schwimmer Alfréd Hajós, der 1924 in der Kategorie Architektur siegt. Auch Spiele-Vater Coubertin räumt 1912 mit seiner literarischen »Ode an den Sport« eine Goldmedaille ab, reicht jene aber unter dem Synonym »Georges Hohrod et Martin Eschbach« ein.

Auch wenn die Wettbewerbe unter Kunstschaffenden ob ihrer besonderen Natur teilweise kritisch gesehen werden, sind sie beim Publikum ein großer Erfolg. Über 400 000 Menschen besuchen zum Beispiel die Ausstellungen während der Olympischen Spiele 1932 in Los Angeles. 1948 werden die später auch aus den Medaillenrekorden gestrichenen Kunstwettbewerbe abgesetzt, weil sie für den damaligen IOC-Präsidenten Avery Brundage im Gegensatz zum Amateurgeist der Spiele stehen.

Ein Logo muss her

Medaillen, Disziplinen, Ideale, Traditionen, Historie – alles ist Anfang des 20. Jahrhunderts bei den Olympischen Spielen vorhanden. Nur ein Logo fehlt! Gut, dass Pierre de Coubertin auch hier einen Einfall hat. Der Begründer der modernen Spiele zeichnet 1913 das noch heute aktuelle Bild der fünf verbundenen Ringe und erklärt seine Gedanken dahinter im Magazin *Olympique*: »Die verschiedenen Farben repräsentieren die fünf Kontinente, die wir für den olympischen Gedanken gewonnen haben und die bereit sind, eine fruchtbare Rivalität miteinander zu leben. Dazu kann man die sechs Farben inklusive des weißen Hintergrunds kombinieren und sie stehen für die Fahnen aller Nationen, ohne Ausnahme.« Coubertin ist merklich stolz auf seinen Entwurf und nennt seine »fröhliche, ansprechende Flagge« perfekt. Bedenkt man das Überleben des Logos bis zum heutigen Tag, bleibt wohl nur zu sagen: keine Einwände, Monsieur Baron!

Winter Wonderland

Die Olympischen Spiele 1916 in Berlin werden aufgrund des Ersten Weltkrieges abgesagt, womit auch eine weitere Idee zunächst einmal in der Schublade verschwindet. Denn bei der abgesagten Olympiade soll erstmals auch eine richtige Wintersportwoche im Februar stattfinden, mit allerlei saisontypischen Sportdisziplinen. Zuvor war beispielsweise Eiskunstlaufen schon einmal als Teil der Sommerspiele ausgetragen worden. Nun aber sollen die Sommerspiele ihren winterlichen Gegenpart bekommen, auch wenn Pierre de Coubertin das aus Mangel an einem antiken Vorbild sowie aufgrund der von seinem Freund Viktor Balck ausgetragenen Nordischen Spiele strikt ablehnt. 1924 gibt er seine Opposition auf, und man veranstaltet die ersten Winterspiele der Geschichte in Chamonix in den französischen Alpen. Bis 1992 finden sie im selben Jahr wie die Sommerspiele statt, bevor sie im zweijährigen Wechsel abgehalten werden.

Feuer für Olympia

Im antiken Griechenland hat Feuer eine spirituelle Bedeutung; die Sage von Prometheus, der den Göttern etwas Glut stiehlt, ist für viele Menschen sinnstiftend und Symbol für die Zivilisation. Dementsprechend prominent werden Flammen auch bei den Olympischen Spielen verwendet, unter anderem brennt Feuer dauerhaft vor dem Altar der Hestia und zu Ehren Heras.

Diese Tradition lebt 1928 zum ersten Mal in Amsterdam wieder auf, wo ein großer Marathonturm die Veranstaltung von Weitem sichtbar machen soll. 1936 wird dann erstmals offiziell ein olympisches Feuer in Olympia entzündet und zum Ort der Spiele nach Berlin gebracht. Konstantin Kondylis ist der erste von den insgesamt 3331 Läufern und beginnt den geschichtsträchtigen Lauf, der durch die stetige Übergabe des Feuers die Weitergabe von Glauben, Wissen und Leben zwischen den Generationen symbolisieren soll. Über 3075 Kilometer und zwölf Tage geht es damals für die Läufer komplett zu Fuß durch Griechenland, Bulgarien, Jugoslawien, Ungarn, Österreich, die Tschechoslowakei und Deutschland bis zum Berliner Olympiastadion, wo Fritz Schilgen am 1. August das Feuer bei der Eröffnungszeremonie entzündet.

Übertragungen für die Welt

Die frühen Olympischen Spiele lassen sich lediglich im Stadion verfolgen, es sei denn, man wartet einige

Monate auf einen extra produzierten Imagefilm. Im Jahr 1924 ist erstmals das Radio dabei, sodass die Menschen von Zuhause mitfiebern können. Bei den Spielen 1936 in Berlin sind jetzt auch TV-Kameras mit von der Partie, die Bilder der drei Geräte sind allerdings nur in ausgewählten Räumen in der Nähe des Olympiastadions zu sehen. 1948 überträgt die BBC zum ersten Mal für heimische Fernsehgeräte, das Signal reicht zumindest bei guten Bedingungen bis zu den britischen Kanalinseln. Die erste internationale Übertragung erfolgt 1960 von Rom aus, was zu einer echten Mammutaufgabe wird. Ohne vorhandene Satelliten muss der US-Sender CBS von seinem Trailer am Flughafen von Rom die ausgewählten Tapes täglich mit einem Alitalia-Flieger nach New York City schicken – natürlich per Linienflug. Da sie im Bauch des Flugzeugs transportiert werden, kommen sie nicht selten gefroren bei Kommentator Jim McKay an, der den Großteil seiner Moderation noch selbst vorbereitet und die Filmrollen pragmatisch unter seinen Achseln erwärmt. Mit solchen Tricks verdient sich der legendäre Announcer redlich seine weiteren elf Einsätze bei Olympischen Spielen. Die »Uraufführung« kostet CBS übrigens 394 000 US-Dollar, sonst hat sich niemand für die Rechte beworben. Die olympischen TV-Rechte von 2021 bis 2032 kosten NBC derweil 7,65 Milliarden US-Dollar.

Die erste Doping-Disqualifikation der Olympiageschichte

Es läuft 1968 für Hans-Gunnar Liljenwall und sein schwedisches Team im Modernen Fünfkampf von Mexico City gar nicht so schlecht. Nach dem Reiten und Fechten mischen sie vorne mit, vor dem anstehenden Schießen allerdings möchte das Nervenkostüm beruhigt werden. Also genehmigen sich die Schweden abends zwei Bier, was aber für Liljenwall genau eines zu viel ist. Der spätere Bronzemedaillengewinner hat nämlich nach der Dopingprobe 0,81 Promille statt der erlaubten 0,5 oder weniger im Blut, womit er als erster Sportler der olympischen Geschichte aufgrund eines vermeintlichen Dopingvergehens disqualifiziert wird. Nach eigenen Angaben hatten Liljenwall und seine Kollegen die Menge an Bier vorher mehrfach ausgelotet, den fehlerhaften Test, bei dem es übrigens keine B-Probe gibt, kann er sich deshalb nie wirklich erklären. Mittlerweile nimmt er es aber mit Humor. »Gut, dass ich im Einzel nur Elfter geworden bin«, schmunzelt Liljenwall Jahre später mit einem Augenzwinkern. »Sonst hätte ich direkt zwei Medaillen aberkannt bekommen.«

Das Massaker von München

Es sollen laut offiziellem Slogan »Die heiteren Spiele«
werden, mit der Absicht, die vergangenen Verbrechen
der NS-Zeit für ein paar Wochen in den Hintergrund
zu drängen und Deutschlands neues Image in die
Welt hinauszutragen. Ein idealistischer Traum, der
zum Albtraum wird.

Denn es bleiben nicht die Bilder großer Athleten
und gemeinsamen Glücks aus dem Jahr 1972 im Ge-
dächtnis, vielmehr denkt man heute an einen mas-
kierten Mann auf dem Balkon im olympischen Dorf.
Er ist einer von acht bewaffneten Terroristen der palästinensischen Terrorgruppe Schwarzer September,
die am Morgen des 5. September 1972 in Jogging-
anzügen den unbewachten Zaun zur Unterkunft des
israelischen Olympia-Teams überwinden. Zwei Israelis sterben im anfänglichen Kampf, neun weitere werden als Geiseln genommen. Die Aktion soll die Freilassung von 234 Gefangenen in Israel forcieren und
trägt den Namen »Iqrit und Biram«, benannt nach
zwei Dörfern, deren Bevölkerung im Arabisch-Israe-
lischen Krieg von 1948 vertrieben wurde. Die lokale
Polizei versucht, über die Dächer die Geiseln zu be-
freien, bricht aber im letzten Moment ab, da sie live
von den umliegenden TV-Kameras gefilmt werden.
Auch der spätere Zugriff am Fliegerhorst Fürsten-

feldbruck endet im Fiasko, es kommt zum Feuergefecht, bei dem alle neun bereits zuvor gefolterten Geiseln, fünf Attentäter und ein Polizist ihr Leben verlieren. Die verbliebenen drei Geiselnehmer werden knapp zwei Monate später freigepresst, nachdem Lufthansa-Flug 615 am 29. Oktober gekidnappt und mit der Explosion der Maschine gedroht wurde. Zu diesem Zeitpunkt läuft bereits die Operation »Zorn Gottes« des israelischen Geheimdienstes Mossad, bei der die Israelis angeblich für mehr als 20 Jahre Jagd auf die Beteiligten des Massakers machen.

Später werden außerdem schockierende Fakten bekannt: Im Vorfeld der Olympischen Spiele 1972 beauftragen die Organisatoren den Polizeipsychologen Georg Sieber damit, eventuelle Gefahrenszenarien herauszuarbeiten, auf die sich Sicherheitsteams im Ernstfall einstellen müssten. Seine »Situation 21« beschreibt auf gespenstische Art und Weise, was später erschreckende Realität werden soll. Denn er stellt die Möglichkeit von »bewaffneten Palästinensern« in den Raum, die »den Zaun überqueren können«, »das Gebäude erstürmen«, »ein oder zwei Geiseln töten« und dann die Freilassung Gefangener fordern. Damit nach außen ein frohes und ungezwungenes Bild gewahrt wird und sich niemand aufgrund bewaffneter Wachposten an Nazideutschland erinnert fühlt, verzichten die Ausrichter allerdings explizit auf eine verstärkte Sicherheitspräsenz. Und öffnen damit dem Terror die Tür.

Olympia wird zur Geldmaschine

Vor den Olympischen Spielen 1984 in Los Angeles ist es um Olympia nicht gerade rosig bestellt. 1972 erschüttert das Massaker von München die Sportlerseele, vier Jahre später fährt Montreal ein desaströses Minus von 1,5 Milliarden US-Dollar ein, und 1980 boykottiert die westliche Welt die Spiele in Moskau und lässt damit Politik den vermeintlich unschuldigen Sport bestimmen. Keine guten Vorzeichen also für Peter Ueberroth, den Chef des Organisationskomitees von Los Angeles, der obendrein auch noch fast gänzlich ohne öffentliche Gelder und Support auskommen muss. »Das erste Konto für die 1984er-Spiele habe ich mit meinem eigenen Geld eröffnet«, erinnert sich der Geschäftsmann, der in der Folge aber das Beste aus den widrigen Bedingungen macht und gleichzeitig die Olympischen Spiele in eine neue Ära führt. Er verkauft die Fernsehrechte für die Wettbewerbe meistbietend und nutzt zusätzlich das Anfang der 1980er-Jahre noch relativ neue Konzept des offiziellen Sponsorings. Gigantische Firmen wie Coca-Cola oder Fujifilm geben Millionenbeträge aus, um bei den Spielen als omnipräsente Partner der

Veranstaltung aufzutreten. Der letztendliche Gewinn der Spiele liegt bei 232,5 Millionen US-Dollar, ein überragender Wert für die damalige Zeit, von dem ein großer Teil in die LA84 Foundation gesteckt wird. Die Stiftung begründet in den folgenden Jahrzehnten unzählige Jugendprojekte und andere Non-Profit-Initiativen in den gesamten USA. Ueberroth schafft es auf das Cover des *Time Magazine* und wird von dem Blatt zum *Man of the Year* für seine »olympische Leistung« gekürt. Diese gibt auch kommenden Spielen die Blaupause, wie man mit Olympia Geld verdienen kann.

Und schließlich doch: Profis bei Olympia

Lange Zeit gilt bei den Olympischen Spielen eines als fast höchstes Gebot: Die Sportler müssen Amateure sein. Aber mit dem aufkommenden TV-Zeitalter, höheren Anforderungen an die Athleten sowie den ohnehin von vielen als professionell erachteten Strukturen in der Sowjetunion mehren sich nach dem Abtritt von IOC-Präsident Avery Brundage 1972 die Stimmen, die nach einer Teilnahme professioneller Sportler rufen. Nach Feldversuchen 1984 in Los Angeles und 1988 in Seoul setzt sich der Trend 1992 in Barcelona fort, und es werden in vielen Sportarten Profis für die Wettbewerbe zugelassen. Die Fans freut es, sie können nun ihre geliebten Stars auch bei den Olympischen Spielen bewundern, wobei der Effekt sich hauptsächlich auf bestimmte Sportarten wie Basketball, Tennis oder Handball beschränkt. In vielen anderen Disziplinen wettstreiten immer noch zumindest dem Namen nach Amateure, auch wenn die meisten mittlerweile unter professionellen Bedingungen trainieren.

Dunkle Wolken am Horizont

1998 werden Anschuldigungen öffentlich, welche von weitreichender Korruption innerhalb des Internationalen Olympischen Komitees berichten. Für die Vergabe der Winterspiele 2002 nach Salt Lake City sollen reihenweise Bestechungsgelder geflossen sein, auch andere Vergaben geraten während der Ermittlungen in den Fokus. Das IOC reagiert mit einer groß angelegten Reform zur Unterstützung der Transparenz und Optimierung des Vergabeprozesses, es installiert eine Ethik-Kommission, und außerdem müssen sechs Mitglieder des Komitees ihren Hut nehmen, weitere treten freiwillig zurück. Doch ein bitterer Nachgeschmack bleibt auch in der jüngeren Geschichte bestehen, zumal immer wieder Verdachtsmomente den olympischen Geist erschüttern. Zusammen mit der fortschreitenden Kommerzialisierung der Spiele ist es eines der Horrorszenarien, was die neuzeitlichen Gründerväter der Spiele um Pierre de Coubertin eigentlich stets verhindern wollten.

Die Spiele der Frauen 2012 in London

Das ambitionierte Ziel, genauso viele weibliche wie männliche Athleten bei den Spielen antreten zu sehen, verfehlen die Olympischen Spiele 2012 in London zwar knapp, dennoch setzen sie ein gewaltiges Zeichen für die Gleichberechtigung zwischen den Geschlechtern im Sport. Saudi-Arabien, Katar und Brunei schicken erstmals in ihrer Geschichte weibliche Teilnehmer, und somit hat nun jedes an Olympia teilnehmende Land eine oder mehrere Frauen zu den Spielen entsandt. Gleichzeitig steht Frauenboxen erstmalig auf dem Programm, und damit gibt es in jeder Disziplin männliche wie weibliche Wettbewerbe.

Die ersten verschobenen Spiele

Eigentlich sollen die Spiele 2020 in Tokio vom 24. Juli bis zum 9. August in der japanischen Megametropole stattfinden, doch der ursprüngliche Termin fällt wie so vieles andere der globalen Covid-19-Pandemie zum Opfer. Zunächst glaubt das IOC noch an eine reguläre Abwicklung. »Bei unserem Meeting fielen die Wörter ›Absage‹ oder ›Verschiebung‹ überhaupt nicht«, gibt IOC-Präsident Thomas Bach am 5. März noch zu Protokoll, doch auch beim Olympischen Komitee überschlagen sich in der Folge die Ereignisse angesichts immer neuer gesundheitspolitischer Entwicklungen.

Nachdem am 24. März die Entscheidung für die Verschiebung bekannt gegeben wurde, werden die Spiele schließlich ein Jahr später vom 23. Juli bis zum 8. August unter Ausschluss der Öffentlichkeit ausgetragen. Damit sind die 2020 Tokyo Olympics, den Namen behalten sie aus Marketinggründen, die ersten verschobenen Spiele der Geschichte.

MAGISCHE MOMENTE

Das Wunder auf der Matte

Als Alexander Karelin bei den Sommerspielen 2000 in Sydney die Matte betritt, trägt er die Aura des Unbesiegbaren auf seinen gigantischen Ringerschultern, die im griechisch-römischen Stil über Jahrzehnte im Superschwergewicht den Goldstandard ausmachen. Gestählt wird der »Sibirische Bär« in den harten Wintern seiner eisigen Heimat, wo er Baumstämme oder Felsen durch metertiefen Schnee wuchtet oder jedes nur erdenkliche Gewicht im Kraftraum herausfordert. Gleichzeitig nutzt er Techniken und Würfe, die normalerweise leichteren Ringern vorbehalten sind und an die Kämpfer von Karelins Statur nicht einmal denken würden. Den Gegenpol zu all der physischen Macht stellt der sensible Feingeist des bescheidenen Champions dar, der eine große Leidenschaft für klassische Musik und Weltliteratur hegt.

Als 20-Jähriger verlor er einmal einen Kampf bei einem nationalen Turnier, danach bleibt er 13 Jahre lang unbesiegt und feiert 887 Siege am Stück. Dabei ringt der dreifache Olympiasieger sogar zeitweise ganze sechs Jahre, ohne auch nur einen einzigen Punkt abzugeben. Ein einziger Punkt aber reicht in Sydney dem Amerikaner Rulon Gardner, um eine der größten Sensationen der Olympiageschichte zu vollbringen. Drei Jahre zuvor bei der Weltmeisterschaft noch chancenlos gegen Karelin, profitiert Gardner von einem zu früh gelösten Griff des Russen, der aufgrund einer neuen Regel in Sydney einen Strafpunkt erhält. Danach fightet sich Gardner aufopferungsvoll ins Ziel und besiegt den eigentlich Unbesiegbaren.

Der Held vor den Augen des Führers

Zehntausende Augen aus dem weiten Rund liegen auf Jesse Owens, dessen schwarze Hautfarbe für die nationalsozialistischen Veranstalter der Spiele 1936 von Berlin eher Makel statt Menschlichkeit darstellt. Auch Adolf Hitler, der berüchtigte Führer Nazideutschlands, der seine Nation und die Welt drei Jahre später in den Abgrund des Zweiten Weltkrieges stoßen soll, richtet seinen Blick auf den schwarzen Weltklassesportler. Sie alle werden Zeuge von einer der couragiertesten und wohl bedeutendsten sportlichen Errungenschaften des 20. Jahrhunderts, als Owens zu vier Leichtathletik-Goldmedaillen fliegt und das arische Weltbild von der Überlegenheit der weißen Rasse ins Wanken bringt. Laut den Medien soll jener Umstand Hitler so rasend gemacht haben, dass er Owens den anschließenden Handschlag verweigert. Die Posse ist allerdings eine Erfindung der damaligen Presse, wie Jesse Owens selbst nach seiner Rückkehr in die USA berichtet. Hitler hat zwar einen Tag vor Owens erstem Gold nur deutschen und finnischen Athleten gratuliert, entscheidet sich aber nach Kritik dafür, keinem Sportler mehr die Hand zu schütteln. Im Tunnel trifft er dennoch auf Owens und winkt ihm laut Bekunden des US-Amerikaners zu. »Es war nicht Hitler, der mich ignoriert hat, sondern unser eigener Präsident«, schimpft der in armen Verhältnissen aufgewachsene Owens. »Nicht mal ein Telegramm habe ich bekommen.« Tatsächlich erfährt Owens im Dunkel der amerikanischen Rassentrennung selten die Anerkennung seiner Heimat, die ihm aufgrund seines Meisterstücks eigentlich gebührt. Millionen Augen schaffen es hier tatsächlich wegzusehen.

How to be Bolt

Nach gut 60 Metern in einer Pekinger Nacht 2008 weiß er es, seine Gegner wissen es, und die ganze Welt weiß es – Usain Bolt ist der schnellste Mann des Planeten.

Wer noch Zweifel hat, den lässt es der jamaikanische Strahlemann 2008 im 100-Meter-Olympiafinale mit ausschweifendem Jubel, breitem Grinsen und »Look at me«-Pose für die Kamera wissen – mitten im Rennen, versteht sich. Bolts entspannte Lockerheit kennt auch sonst nur wenige Grenzen, rennt er doch mit einem offenen Schnürsenkel über die Bahn und isst nach eigenen Angaben morgens, mittags sowie abends nur frittierte Chicken Nuggets, während er in China weilt. »Ich habe ein traditionelles chinesisches Essen probiert, aber mein Körper hat darauf nicht so gut reagiert«, zuckt der insgesamt achtfache Goldmedaillengewinner mit den Schultern und lässt so manchen Ernährungswissenschaftler verzweifeln. Entschuldigen muss er sich nicht, seine eigenwillige Diät ermöglicht ihm eine Höchstgeschwindigkeit von 43,9 km/h und einen Weltrekord von 9,69 Sekunden, der ohne vorzeitigen Jubel wohl bei 9,6 Sekunden gelegen hätte. Bei seinem Weltrekord 2009 ist er sogar nochmals 0,82 km/h schneller, was die Sportwelt zu allerlei humoristischen Vergleichen nötigt. So würde Bolt ein Rennen gegen eine schwarze Mamba, ein Eichhörnchen und sogar gegen einen afrikanischen Elefanten gewinnen, gegen einen Grizzly, einen Löwen oder ein Känguru hätte er allerdings deutlich das Nachsehen. Was daran liegen mag, dass sie seit jeher nicht bloß Chicken Nuggets auf der Speisekarte haben!

Blut im Wasser

Das Halbfinale im Wasserball bei den Olympischen Spielen 1956 hätte für den ungarischen Star Ervin Zádor kaum besser laufen können. Schließlich erzielt er in der Partie gegen die UdSSR zwei Tore, und seine Mannschaft führt kurz vor Schluss mit 4:0, der Weg zur Titelverteidigung scheint frei. Die lauten »Hajrá Magyarok«-Rufe der frenetischen Menge hallen wie Musik in seinen Ohren. »Ich sah mich dann nach einem Pfiff zum Schiedsrichter um«, sagt Zádor. »Da wusste ich sofort, dass ich einen fürchterlichen Fehler gemacht habe.« 4000 Sterne sieht er nach eigenen Angaben, nachdem ihm sein Kontrahent Valentin Prokopow mit voller Wucht ins Gesicht geschlagen hat. Dann fühlt Zádor jenes warme Blut, das dem Spiel seinen legendären Namen geben soll.

Das Match findet nur zwei Monate nach der blutigen Niederschlagung des ungarischen Volksaufstands durch die Rote Armee statt, die ungarische Mannschaft kann von ihrem Höhentrainingslager nahe Budapest selbst die ersten Schüsse hören. Die Wut und Trauer über den Tod vieler Landsleute nehmen sie mit in den Pool von Melbourne, gleichermaßen weichen die Sowjets keinen Schwimmzug zurück, auch als ohrenbetäubende Schmährufe der pro-ungarischen Zuschauermenge auf sie einprasseln.

Die Teams übersäen sich bereits vor der finalen Eskalation mit schwersten Beleidigungen, Fäuste fliegen, unter Wasser hagelt es Tritte und Würgegriffe. Der prägnanten Schlussszene verdankt der Erfolg der späteren Olympiasieger seinen Namen – noch heute erinnert man sich an das »Blood in the Water« oder das »Blutbad von Melbourne«.

Links wie rechts

Als er 1938 in der ungarischen Armee dient, explodiert Károly Takács eine Granate in der rechten Hand, die ihn zuvor bereits zu einem Weltklasseschützen gemacht hat. Der Traum der großen Schützenkarriere ist durch den Verlust seiner Rechten aber noch lange nicht vorbei, denn Takács schult einfach um auf die Linke. Mit ihr gewinnt er 1948 in London und 1952 in Helsinki olympisches Gold mit der Schnellfeuerpistole.

Die legendäre Lokomotive

Wild schwingt sein Kopf hin und her, sein ganzer Körper scheint von Pein erfüllt. Dann gibt er das fast animalische Keuchen von sich, mit dem er Meter um Meter zurücklegt. Und schließlich einer der größten olympischen Läufer aller Zeiten wird.

Emil Zátopek, die »Lokomotive aus Prag«, verdient sein Geld erst am Fließband in einer tschechoslowakischen Schuhfabrik, dann aber findet er die Liebe zum Laufen. Schon 1948 gewinnt er in London olympisches Gold und Silber, aber es ist vier Jahre später in Helsinki, wo er sich schlussendlich unsterblich macht. Nach den Siegen über 5000 und 10 000 Meter entscheidet sich der kleine Mann mit dem großen Herzen spontan dazu, auch den Marathon zu laufen, ungeachtet der Tatsache, dass es der erste seines Lebens ist. Sein sensationeller Triumph macht ihn zum bis heute einzigen Olympioniken, der alle drei Langstrecken in einem Jahr gewinnen kann. Diese Leistung und Zátopeks 18 Weltrekorde verblassen jedoch fast neben der menschlichen Wärme, mit der er dem Schatten des Eisernen Vorhangs trotzt und sich über Jahrzehnte Freunde auf der ganzen Welt macht. Auch seine Bescheidenheit wird zur Legende. »Du kannst nicht mit Geld in den Taschen laufen«, sagte er einst. »Du musst mit Hoffnung und Träumen in deinem Herzen laufen.« Manchmal erfüllt er diese auch noch selbst. Der australische Weltklasseläufer Ron Clarke schafft es trotz mehrerer zeitweise tragischer Versuche nie, bei Olympia eine Goldmedaille zu gewinnen. Er besucht Jahre später sein Idol Emil Zátopek in Prag, wo die beiden mehrere Tage miteinander verbringen. Am Flughafen überreicht der Tscheche Clarke ein kleines Paket. Als Clarke es im Flugzeug auspackt, findet er darin eine von Zátopeks Goldmedaillen.

Perfektion

Als Nadia Comăneci 1976 in Montreal nach ihrer Kür am Stufenbarren wieder auf dem Boden landet, haftet dem Ganzen etwas Unglaubliches an. Denn die 14-jährige Rumänin, die einst beim Radschlagen auf dem Schulhof als Turntalent entdeckt wurde, scheint in jenem Moment über dem Irdischen zu schweben, spätestens dann, nachdem das damalige Wunderkind mit ihrer Performance die Gesetze des Turnsports und eventuell auch der Natur außer Kraft gesetzt hat. Viele in der Halle spüren, dass sie gerade Zeuge von etwas ganz Besonderem geworden sind. Von etwas, das eigentlich unmöglich schien.

So zumindest hatte man es den Ingenieuren bei der Schweizer Uhrenfirma Omega mitgeteilt, die 1976 für die Anzeigetafeln bei den Olympischen Spielen verantwortlich sind und eine makellose Bewertung gar nicht programmiert haben. Somit wissen die Punktrichter sich nicht anders zu helfen und arbeiten mit dem, was sie haben. Kurz darauf steht 1,00 auf der Tafel, was aber in Wirklichkeit 10,0 und damit die erste perfekte Wertung in der Geschichte der Olympischen Spiele bedeutet.

Ein Mann und seine Füße

Ein schwedisch-finnischer Athletiktrainer namens Onni Niskanen soll Mitte der 1950er-Jahre die Leibgarde des äthiopischen Kaisers Haile Selassie fithalten, wobei ihm ein schlaksiger Junge auffällt, der jeden Tag große Distanzen zu Fuß zurücklegt. Mit diesem Zufall beginnt die große Geschichte des Abebe Bikila, die allerdings zu früh ein tragisches Ende nimmt.

Für das Land, in dem 1954 überhaupt erstmals ein offizieller Marathon stattfindet, tritt er 1960 in ebendieser Disziplin bei den Olympischen Spielen in Rom an. Sein Paar Laufschuhe ist abgewetzt, passende neue findet er nicht, und so läuft er kurzerhand barfuß durch die abendlichen Straßen der ewigen Stadt, vorbei an dem einst in seiner Heimat von Mussolinis Truppen geraubten Obelisken von Aksum mitten in die Herzen der Welt. Vier Jahre später siegt Bikila auch in Tokio, diesmal mit Schuhen. Dem olympischen Helden und Begründer der modernen afrikanischen Laufdominanz bleibt das Glück allerdings nicht stetig hold. Ein Verkehrsunfall mit seinem VW Käfer im März 1969 lässt ihn querschnittsgelähmt zurück, vier Jahre später stirbt er mit 41 Jahren als gefeierter Nationalheld.

Eine Flamme für die Ewigkeit

Es ist ein besonderer Moment, wenn bei der Eröffnungszeremonie der Olympischen Spiele die Flamme erstmals im Stadion entzündet wird. Und zwar aufgrund seiner antiken Tradition und wegen der Symbolik für den Geist der Spiele, letztlich aber auch, weil das einzigartige Feuer dann meistens schon einen ordentlichen Weg hinter sich hat.

Entzündet wird es traditionell im antiken Olympia zum Gesang der olympischen Hymne sowie unter den wachsamen Augen von elf Frauen, die die vestalischen Jungfrauen von einst symbolisieren. Das Feuer wird mithilfe eines Parabolspiegels und dem Licht der Sonne entzündet, bevor es auf seine meist Tausende Kilometer lange Reise geht. In seiner Geschichte wird es wahlweise getragen, fährt mit dem Schiff oder fliegt mit dem Flugzeug, auch in einem Kanu, auf dem Rücken eines Kamels oder mit der Concorde ist es zeitweise unterwegs. Die Fackel wird sowohl von Tauchern über Wasser als auch durch das Great Barrier Reef getragen. 1976 wandeln kluge Köpfe die Flamme sogar in ein Radiosignal um, das per Satellit über den Atlantik nach Ottawa geschickt wird, wo es per Laser erneut eine weitere Fackel entzündet, diese fliegt sogar dreimal selbst in den Weltraum. Bei diesem Aufwand ist es wenig verwunderlich, dass im Stadion gleich mehrere Ersatzflammen vorhanden sind, sollte das ewige Feuer doch einmal ausgehen.

Hammer, Diskus und Liebe in der Luft

Hal Connolly ist Mitte der 1950er-Jahre der beste Hammerwerfer der Welt und das, obwohl sein linker Arm aufgrund einer Nervenlähmung knapp 12 Zentimeter kürzer ist als sein rechter. Als Kind bricht er ihn sich unglaubliche 13-mal, dennoch stürmt er bei den Olympischen Spielen 1956 in Melbourne zu Gold. Das Gleiche gelingt der Tschechoslowakin Olga Fikotová im Diskuswerfen, und somit haben sich die beiden eine ganze Menge bei ihrem damals ersten Date zu erzählen, auch wenn es ohne gemeinsame Sprache nicht gerade einfach ist. Die Liebe siegt über die Sprachbarrieren, und auch der Eiserne Vorhang vermag die Hochzeit der beiden Leichtathletikstars nicht zu verhindern. Zwar versagen die Verantwortlichen in Prag und Moskau Fikotová daraufhin jegliche weitere Teilnahmen bei Olympia für ihr Land, doch mittlerweile wohnt sie mit Connolly bereits in Amerika und startet seit 1957 für die USA. 1972, drei Jahre bevor sie und ihr Mann sich scheiden lassen, darf sie in München sogar die amerikanische Flagge bei der Eröffnungszeremonie tragen.

Kenias König

Der Bus bewegt sich keinen Zentimeter durch Mexico Citys Innenstadt. Überall wo Kipchoge Keino hinsieht, stehen Autos, alle Straßen sind verstopft. Der Silbermedaillengewinner des drei Tage zuvor stattgefundenen 5000-Meter-Laufs hat aber zu viel durchgemacht, um sich von einem Stau die Teilnahme in seiner Paradedisziplin des 1500-Meter-Laufs verhageln zu lassen.

Nach dem frühen Tod seiner Eltern wächst er bei seiner Tante auf, läuft jeden Tag morgens wie nachmittags barfuß über 6 Kilometer zur Schule und zurück, nur um spät am Abend noch die Ziegen durch die Hügel seiner kenianischen Heimat zu führen. Bei den Spielen in Mexiko quälen ihn seit Tagen schmerzende Gallensteine, ein Doktor sagt ihm sogar, dass er sterben könne, wenn er noch einmal läuft. Und doch springt Keino aus dem Bus und läuft die letzte Meile bis zum Stadion.

Er kommt gerade rechtzeitig zur Verkündung der Teilnehmer und rast zur Startlinie. Danach läuft er sich in die olympische Geschichte, gewinnt mit 20 Metern Vorsprung und wird damit zum Begründer

der großen kenianischen Lauftradition. Er tut es mit den Gallensteinen, die ihm direkt nach den Spielen herausoperiert werden. Im Anschluss an seine Karriere lebt die Lauflegende wieder in seinem Heimatdorf Eldoret und leitet unter anderem eine Stiftung für Waisenkinder.

Im Ring des Lebens

Als Joseph Bena, Wrestling-Coach der Niskayuna High School, New York, in den frühen 1970er-Jahren händeringend nach einem Schwergewicht für seine Mannschaft sucht, spricht er eines Tages den größten Jungen an, den er auf dem Schulflur finden kann. Ob er nicht Lust habe, im Team mitzumachen. »Aber ich mag Wrestling eigentlich nicht«, entgegnet Jeff Blatnick.

Als er 1984 im Olympiafinale von Los Angeles steht, ist dies sicherlich anders, außerdem blickt er auf ein persönliches Drama zurück, dass bei allem Schmerz letztlich für ihn ein beispielloses inneres Feuer entfacht. »Do it for Dave«, sagt sich Blatnick immer wieder und denkt an seinen bei einem Motorradunfall umgekommenen Bruder. Aber er will es auch für sich selbst tun, schließlich erkrankt er zwei Jahre vor den Spielen an einem bösartigen Lymphknotengeschwulst, womit eine Fortsetzung seiner Karriere und sein ganzes Leben plötzlich in der

Schwebe hängen. Verbissen kämpft er sich durch die Strahlentherapie und bis auf die Matte des Anaheim Convention Centers. Er besiegt den Schweden Tomas Johansson mit 2–0 und liefert einen der emotionalsten Momente der Spiele. Als der Krebs zurückkehrt, beendet Blatnick ein Jahr später seine Laufbahn, engagiert sich aber weiter im Kampfsport und ist bis zu seinem Tod 2012 zudem Wegbereiter für die Erfolgsgeschichte des Ultimate Fighting Championship.

Der Golden Slam

Alle vier Grand-Slam-Turniere des Jahres 1988 hat die 19-jährige Steffi Graf bereits in der Tennistasche, als sie in Seoul zu den Olympischen Spielen landet. Mit ihrer Goldmedaille in der südkoreanischen Hauptstadt setzt sie dem Ganzen aber die Krone auf und komplettiert den bis heute einzigen »Golden Slam« der Tennisgeschichte.

»Die fliegende Hausfrau«

Als sie 1936 bei den Olympischen Spielen in Berlin antritt, gewinnt die 18-jährige Leichtathletin Fanny Koen aus den Niederlanden keine Medaille in der Leichtathletik. Dafür kann sie ein Autogramm von Jesse Owens, dem großen Star der Spiele und vierfachen Goldmedaillengewinner, ergattern. Niemand ahnt damals, dass sie es irgendwann Owens gleichtun soll.

Noch unwahrscheinlicher wird das, als der Zweite Weltkrieg Europa ins Chaos stürzt. Fanny heißt nach ihrer Ehe mit dem ehemaligen olympischen Dreispringer Jan Blankers nun Blankers-Koen und bringt während des Krieges zwei Kinder namens Jan Junior und Fanneke zur Welt. Sie trägt die Familie durch den Hungerwinter 1944/45 und geht in ihren Aufgaben als Hausfrau und Mutter auf. Die Kinder nimmt sie mit zum Training, anders geht es nicht. Langsam, aber sicher kämpft sie sich an die Spitze ihres Sports und reist als Weltrekordlerin zu den Spielen 1948 in London. In den für ihr Land typischen orangefarbenen Shorts sprintet sie zu Siegen über 100 Meter, 200 Meter, bei den 80 Meter Hürden und in der 4 × 100-Meter-Staffel. Bei letzterem Event holt sie auf ihrem abschließenden Teilstück 5 Meter Rückstand auf und begründet damit ihren Spitznamen »Die fliegende Hausfrau«. 1999 wählt sie die IAAF zur »Leichtathletin des Jahrhunderts«, die über die Jahre nun selbst etliche Autogramme schreiben darf. Bescheiden bleibt sie aber ihr Leben lang und protzt nie mit ihren Erfolgen. So bewahrt sie ihre olympischen Medaillen daheim lediglich in einem Schuhkarton auf.

Jedes Ende kann ein Anfang sein

Die Teilnahme an der Eröffnungszeremonie der Spiele ist für viele Athleten seit jeher ein besonderer Moment, das Tragen der nationalen Flagge eine große Ehre. Die Abschlussveranstaltung findet viele Jahre jedoch ohne einen Auftritt der Teilnehmer statt. Bei den Spielen 1956 in Melbourne wird erstmals ernsthaft über einen ähnlichen Marsch wie zu Beginn der Spiele nachgedacht. Der 17-jährige John Ian Wing formuliert aber in einem Brief an Sir Wilfred Kent, den Vorsitzenden des Organisationskomitees, eine etwas andere Idee. Seine Botschaft lautet wie folgt: »Ich glaube, es gibt die Idee eines Marsches während der Abschlusszeremonie. Dieser Marsch sollte der einer einzigen Nation sein. Krieg, Politik und Nationalitäten sollen vergessen werden ... kein Team soll sich abgrenzen und höchstens zwei Teammitglieder sollten zusammen gehen.«

Die Idee verfängt, und seitdem marschieren die olympischen Athleten zum Ende der Spiele immer als eine große Sportlernation.

Die »Wunderstute«

Benommen wankt Hans Günter Winkler im Sattel hin und her, bei jedem Sprung schreit er vor Schmerzen auf, dramatische Momente gehen ineinander über. Aber Halla trabt stolz von Hindernis zu Hindernis weiter und bewahrt selbst bei angehender Ohnmacht des Reiters den Bund zu ihrem menschlichen Partner. Sie bemüht sich sogar, sanft zu landen, bevor sie mit einem vermeintlichen Lächeln zu Gold springt. »Und Halla lacht, als ob sie wüsste, um was es geht«, ruft der legendäre Reporter Hans-Heinrich Isenbart und gibt dem Augenblick damit seinen letzten krönenden Glanz.

Lange gilt Halla als schwierig, als »geniale Zicke«, wie es Winkler einst selbst formulierte. Aber die Tochter eines früheren Beutepferdes aus dem Frankreichfeldzug im Zweiten Weltkrieg und ihr Reiter schaffen ein inniges Verhältnis, das sie bis ins Finale der Olympischen Reiterspiele von 1956 in Stockholm bringt. Winkler bricht sich am Ende des ersten Finalritts die Leiste, und bei einer Aufgabe droht auch die gut liegende deutsche Mannschaft aus der Wertung zu fallen. Stärkste Schmerzmittel betäuben »HGW«, mit schwarzem Kaffee und Schütteln hält man ihn wach. Dann geht es auf den Parcours, wo Halla, seine Halla, übernimmt und die beiden unsterblich macht. Mit dem Doppel-Olympiagold im Einzel und mit der Mannschaft wird sie zum wohl berühmtesten deutschen Turnierpferd aller Zeiten. Nach ihrem Tod erlässt die Reiterliche Vereinigung, dass kein Pferd mehr unter ihrem

Namen starten darf, nie wieder. Die Erinnerung an ihren berühmten Ritt bleibt dagegen für immer.

»One Moment in Time«

Ursprünglich ist das Lied nur als Begleitmusik für die Medaillenverleihungen gedacht, doch jedes Mal, wenn Whitney Houstons »One Moment in Time« 1988 in Seoul erklingt, erwärmt es die Herzen ein kleines bisschen mehr. Auszüge aus den Lyrics wie »I'm only one but not alone« oder »Now lay the chance here in my hands« passen perfekt zu den sportlichen Augenblicken Olympias.

Schließlich avanciert der Song zum akustischen Sinnbild der Spiele und ihrer sportlichen Wettkämpfe, er wird bei unendlich vielen Sportzusammenschnitten als Untermalung gewählt und erarbeitet sich einen legendären, zeitlosen Charakter.

Entgegen allen Widrigkeiten

Der in Kiel geborene Amerikaner George Eyser wird einst von einem Zug erfasst und verliert sein linkes Bein. Seinen Olympia-Traum gibt der Buchhalter einer Baufirma und leidenschaftliche Turner damit aber nicht auf, er träumt weiter. Bis 1904 die Olympischen Spiele in seine Heimat St. Louis kommen.

Eyser ist mittlerweile mit einer hölzernen Prothese ausgestattet, die ihm eine Teilnahme an den Turnwettbewerben der Spiele ermöglicht. Mehr noch: Am 29. Oktober tritt er in acht verschiedenen Disziplinen an und holt bei sechs davon eine Medaille. Beim Tauhangeln, am Barren und im Pferdsprung gewinnt er sogar Gold, wobei besonders letzterer Sieg beeindruckend ist. Schließlich springt man damals noch ohne die Hilfe eines Sprungbretts, was aber trotz Eysers Holzbein für ihn kein Hindernis darstellt.

Ein Kind des Krieges

Yoshinori Sakai erblickt am 6. August 1945 das Licht der Welt. Es ist in seinem Fall eines, das als Symbol für die Schrecken des Zweiten Weltkrieges gilt und das alle Grausamkeit des rüstungsindustriellen Fortschritts in sich vereint. Denn an Sakais Geburtstag fällt die erste Atombombe der Geschichte auf Hiroshima, wodurch die japanische Großstadt förmlich pulverisiert wird und Schätzungen zufolge bis zum Jahresende 1945 fast 140 000 Menschen ihr Leben verlieren.

Yoshinori Sakai aber lebt und wächst zu einem begeisterten Läufer heran. Somit joggt er bei der Eröffnungsfeier der Olympischen Spiele 1964 in Tokio mit der obligatorischen Fackel ins Stadion. Der damals 19-Jährige entzündet die Stadionflamme und trägt ein breites Lächeln in seinem Gesicht, das die Botschaft von Frieden, Hoffnung und Durchhaltevermögen in die Welt hinausträgt. Als Sportler nimmt er zwar nie an den Spielen teil, berichtet dafür aber 1972 als Reporter aus München.

Fantastischer Finne

Als 1910 Paavo Nurmis Vater früh verstirbt, ist der Traum des Jungen von einer Läuferkarriere eigentlich schon dahin. Er verlässt mit zwölf Jahren die Schule und arbeitet in einer Bäckerei, um die Familie finanziell über Wasser zu halten. Schwergewichtige Wagen voller Backwaren durch das oft verschneite Turku zu schieben, stärkt allerdings dermaßen die Muskeln, dass die Arbeit förmlich wie ein Beschleuniger für die sportlichen Ideen des Jungspunds fungiert. Aufgrund seiner Akribie und totalen Hingabe für den Lauf hätte er jenen vielleicht gar nicht gebraucht. Denn es ist vor allem ein unbändiger, intrinsischer Wille, sich trotz widrigster Bedingungen zu beweisen, der den Finnen aus ärmsten Verhältnissen zum wohl größten Läufer des 20. Jahrhunderts macht.

Sein Meisterstück liefert Nurmi 1924 bei den Spielen in Paris. Er gewinnt am 10. Juli die 1500 Meter mit olympischem Rekord vor Willy Schärer aus der

Schweiz und geht bereits eine knappe Stunde später direkt wieder an den Start im Endlauf über 5000 Meter, wo er in einem engen Sprint vor seinem Landsmann Ville Ritola siegt. Abends feiert er seine Triumphe noch mit ausgiebigem Tanz in einem Nachtclub am Montmartre. »Beim Tanzen kann man sich nach einem anstrengenden Lauftag gut entspannen«, erklärt Nurmi und lässt dabei ausnahmsweise die Maske des distanzierten, schweigsamen Stoikers fallen, die er den Menschen ansonsten präsentiert. Seine sture Konzentration und mathematische Genauigkeit, mit der er dem Sport begegnet, tragen ihn insgesamt zu neun olympischen Goldmedaillen und 22 Weltrekorden. In einer Laufbahn, die es fast nicht gegeben hätte.

Die gestohlene Flagge

Auf einem Bankett des amerikanischen Olympia-Komitees 1997 fragt ein Reporter den damals 100-jährigen Hal Haig »Harry« Prieste, ob er wisse, was mit der ursprünglichen Olympia-Flagge von 1920 passiert sei. Schließlich geht sie bei denselben Spielen verloren, bei denen Prieste eine Bronzemedaille beim Sprung vom 3-Meter-Brett gewinnt. »Das weiß ich tatsächlich«, entgegnet ein lächelnder Prieste. »Sie ist in meinem Koffer!«

Prieste klettert damals wirklich auf Anstacheln seines Teamkameraden Duke Kahanamoku am Ende der Spiele den Flaggenmast hinauf und erlaubt sich den Scherz, die besondere Fahne mit den erstmals verwendeten fünf Ringen zu stibitzen. Sich des Triumphs des Scherzenden und seiner Altersmilde sicher, stiftet der frühere Kumpel von Charlie Chaplin die Flagge an das IOC und wird im Jahr 2000 bei einer großen Zeremonie vom damaligen Präsidenten Juan Antonio Samaranch ein Jahr vor seinem Tod mit einer Gedenkmedaille geehrt. Anschließend findet die Flagge ihren Weg in das Olympische Museum von Lausanne.

Cathy kann es

Als Cathy Freeman bei den Sydney Olympics 2000 in ihrem Heimatland Australien als Erste die Ziellinie beim 400-Meter-Finale überquert, zeigt sie zunächst kaum eine Reaktion. Sie öffnet den Reißverschluss ihres grün-weiß-goldenen Ganzkörperanzugs, schnappt im Anschluss an das anstrengende Rennen nach Luft, sieht sich um und doch blickt sie ins Nichts.

Dann geht sie auf die Knie, die Zuschauer sehen ihr den gesamten Druck an. Man hört den Jubel der 112 574 Menschen im Stadion, der wie das Echo einer großen Sehnsucht klingt, wie eine Hoffnung auf einen besonderen Sieg. Dieser wurde fast schon vorausgesetzt, entzündete Freeman doch sogar das olympische Feuer bei der Eröffnungszeremonie. Sie, die von den Aborigines abstammt, den jahrhundertelang unter Unterdrückung leidenden Ureinwohnern des australischen Kontinents. Das ganze Land blickt seit Wochen auf sie, und nun sieht Australien seine Heldin am Boden.

Aber nicht lange. Es dauert einige Momente, dann kommt alles: der Stolz, die Freude, die Emotionen, die Erleichterung. Strahlend begibt sie sich auf eine Ehrenrunde für die Geschichtsbücher, auf der sie der Historie ihres Landes gedenkt und ihr gleichzeitig ein Versprechen für die Zukunft macht. Sie trägt die Flagge der Aborigines und die Flagge Australiens und macht ihren Triumph damit zu einem Sieg aller Australier.

Der Taumel im Stadion

Dorando Pietri hat sich seine Taktik für den olympischen Marathon 1908 von London gut überlegt. Er möchte es nach dem Start im Windsor Castle gemächlich angehen und dann erst im zweiten Teil des Rennens aufs Tempo drücken. Es scheint, als ob der Italiener, der seinen allerersten Marathon vier Jahre zuvor noch in einer Konditorjacke seines eigentlichen Arbeitgebers lief, damit Erfolg haben soll. Er kommt nach 42 Kilometern als Führender weit vor den anderen Läufern im White City Stadium an, nur noch einige hundert Meter fehlen ihm zum Goldtriumph. Meter, die aber zur schier unüberwindlichen Pein werden.

Der völlig verausgabte Pietri läuft zunächst in die falsche Richtung, taumelt dann wie in Trance über die Strecke und kollabiert schließlich mehrfach. Ärzte und Offizielle eilen zu Hilfe und begleiten den 1,59 Meter großen Mann aus Correggio ins Ziel. Das amerikanische Team legt zugunsten des Zweitplatzierten John Haynes Protest ein, woraufhin Pietri aufgrund unerlaubter Hilfestellung disqualifiziert wird. Längst aber fliegt ihm die Liebe der Zuschauer zu, die sich in tosendem Jubel vor seinem aufopfernden Kampfgeist verneigen. Königin Alexandra überreicht Pietri zusätzlich einen Goldpokal, und Autor Conan Doyle schreibt eine bewegende Geschichte über Pietri in der *Daily Mail*. Darin ist auch ein Spendenaufruf enthalten, um Pietri eine eigene Bäckerei in seiner Heimat zu ermöglichen. Später reist er als gefeierter und bekannter Star um die Welt und nimmt an Laufwettbewerben teil.

Amerikas Turntraum

»Brauchen wir das?«, fragt Turnerin Kerri Strug ihren Trainer Béla Károlyi mit schmerzverzerrtem Gesicht. »Du musst noch einmal raus«, entgegnet der einstige Förderer der großen Nadia Comăneci und verweist auf den schwindenden Vorsprung der amerikanischen Turnmannschaft bei den Olympischen Spielen 1996 in Atlanta. Noch führt das als »Magnificent Seven« bekannte Team, das erstmals in der Geschichte Gold in diesem Wettbewerb für die USA holen will, aber die starken Russinnen machen vom zweiten Platz aus Druck.

Also humpelt Strug zum Ende der Anlaufbahn für den Sprung. Ihr Knöchel schmerzt nach einer schweren Verstauchung, die sie sich bei der Landung ihres ersten Versuchs zugezogen hat. Trotzdem läuft sie an, springt und wirbelt durch die Luft. Sie landet, steht kurz und bricht dann schließlich zusammen. Ihre Punktwertung von 9,712 reicht für die Goldmedaille. Das anschließende Bild, wie Béla Károlyi sie zur Siegerehrung auf das Podium trägt, geht um die Welt. Ebenso wie Strugs fast schüchternes Lächeln, das die Wirkmächtigkeit ihrer Heldentat bescheiden begleitet. Da ist es dann auch nebensächlich, dass das US-Team Strugs finalen Versuch aufgrund nicht ausreichender Wertungen der russischen Abschlussturnerinnen gar nicht gebraucht hätte.

Ein Flop für die Geschichtsbücher

Beim Hochsprungfinale 1968 in Mexico City beginnt Dick Fosbury seinen Anlauf, er läuft in einem Bogen auf die Hochsprungstange zu. Seinen letzten Boden-kontakt hat er mit dem der Stange abgewandten Fuß – was ist das denn, denken die Zuschauer? Dann schraubt er sich rückwärts in die Lüfte, biegt seinen Körper und windet sich unnachahmlich über die Stange. Und plötzlich hat sich der Hochsprung dank eines eigenwilligen 21-jährigen Bauingenieursstudenten aus Oregon für immer verändert.

Die Disziplin ist seit jeher im Wandel, beginnt sie doch mit einem Sprung aus dem Stand und ent-wickelt später Techniken wie den Straddle oder die Western Roll. Mit denen kommt Fosbury aber nie zu-recht, einmal verliert er sogar eine Wette, bei der ein Freund ihm nicht zutraut, über einen einfachen Stuhl zu springen. Also bemüht der US-Amerikaner sein mathematisches Verständnis und kreiert eine techni-sche Revolution, bei der er seinen Schwerpunkt nach dem Sprung unterhalb der Stange positioniert. Mit-verantwortlich für diesen durchschlagenden Erfolg des »Fosbury-Flop« ist die Tatsache, dass sein Er-finder bei der Premierenvorführung mit 2,24 Metern die Goldmedaille gewinnt.

Der »weiße Kenianer«

Dieter Baumann macht bereits bei den Olympischen Spielen 1988 auf sich aufmerksam, als er mit einer starken Leistung Silber über die 5000 Meter gewinnt. In Anbetracht der Tatsache, dass seit vielen Jahren Afrikaner und nicht zuletzt Läufer aus Kenia die Mittel- und Langstrecken weltweit dominieren, verdient sich der in Blaustein geborene Schwabe damals den Spitznamen der »weiße Kenianer«. Erst recht, nachdem er diesem vier Jahre nach Seoul in Barcelona mehr als nur alle Ehre macht. Nach 4900 Metern geht Baumann als Vierter auf die Schlussgerade, kämpft sich dann auf der Innenbahn am Marokkaner Brahim Boutayeb und Fita Bayisa aus Äthiopien vorbei. Dann beschleunigt er nochmals und überholt auf den letzten Metern auch noch Kenias Paul Bitok, bevor er losgelöst mit hochgestreckten Armen die Ziellinie überquert. Baumanns legendärer Schlussspurt wird zur Sensation, legt er die finalen 100 Meter des Rennens doch in gerade einmal 11,9 Sekunden zurück.

Das rote Armband

Ein klein wenig hat es Félix Sánchez schon immer mit seinem Handgelenk. Als Teenager träumt er wie viele andere Jungen in der Dominikanischen Republik den Traum von der großen Baseballkarriere, der für ihn aber eines Sommers jäh durch ein gebrochenes Handgelenk unterbrochen wird. Aus Scherz meint sein Coach, er könne ja immer noch laufen und solle es doch einmal mit Leichtathletik versuchen. Genau das tut Sánchez und findet prompt Gefallen an seiner neuen Leidenschaft – und das mit Erfolg.

Im Jahr 2000 geht er bei den Olympischen Spielen in Sydney über 400 Meter Hürden an den Start, verpasst aber das Finale. Der enttäuschte Dominikaner legt sich damals ein rotes Armband zu, was er künftig als Erinnerung und als Motivation versteht, es bei den nächsten Spielen besser zu machen. Nach 43 ungeschlagenen Rennen trägt er es bis zum olympischen Finale 2004 in Athen, wo er die erste Goldmedaille in der Geschichte seines Landes gewinnt. Daraufhin spendet er das Armband dem Leichtathletikverband IAAF, der es für gute Zwecke versteigert. Ironischerweise verletzt sich Sánchez direkt im nächsten Meeting, das er erstmals ohne das Band bestreitet. 2012 ist er aber wieder fit und wiederholt seinen Goldtriumph über die 400 Meter Hürden auch in London. Diesmal sogar ganz ohne Armband!

Schreckmoment beim Turmspringen

Greg Louganis ist seinerzeit der beste Turmspringer der Welt, keiner fliegt so elegant durch die Lüfte, keiner taucht so sanft ins kühle Nass wie der Kalifornier mit samoanisch-schwedischen Wurzeln. Als zweifacher Titelverteidiger sowie amtierender Doppelweltmeister reist er 1988 zu den Olympischen Spielen nach Seoul und gilt bei den Experten als haushoher Favorit vom 3-Meter-Brett und beim Turmspringen.

Er nimmt in erstgenannter Disziplin in der Qualifikation Anlauf, schmeißt sein Gewicht auf das Brett, welches sich weit nach unten biegt und ihn weit empor in die Luft katapultiert. Louganis vollbringt einen zweieinhalbfachen Salto rückwärts, alles scheint perfekt zu sein. Doch dann der große Schock: Der Amerikaner ist nicht weit genug gesprungen und schlägt sich mit der letzten Drehung den Hinterkopf mit vollem Tempo am Brett an. Seine Platzwunde muss mit mehreren Stichen genäht werden und er trägt eine Gehirnerschütterung davon. Trotzdem springt der Amerikaner weiter, beendet die Qualifikation und schafft es ins Finale, wo er sensationell seinen Titel aus Los Angeles verteidigt. Außerdem zum damaligen Zeitpunkt unbekannt: Louganis hat HIV, was er erst 1995 der Weltöffentlichkeit offenbart und dabei erzählt, wie viel Angst er beim Unfall von einst hatte, andere Springer mit seinem Blut im Wasser anzustecken. Ärzte aber beruhigen ihn, durch das Chlor im Becken besteht nie eine Gefahr für seine Mitbewerber.

40 Kilometer für die Ewigkeit

Nachdem die Griechen die Perser 490 v. Chr. in der Schlacht bei Marathon besiegt haben, läuft ein Bote die gut 40 Kilometer vom Schlachtfeld bis nach Athen, um vom griechischen Triumph zu berichten. Den Boten soll es damals das Leben kosten, aber immerhin findet der Mythos des Marathons Eingang ins nationale Selbstverständnis der Griechen.

Dementsprechend aufgeregt ist das Gastgeberland, als 1896 die ersten Olympischen Spiele der Neuzeit in Athen stattfinden und auch der Marathon auf dem Programm steht. Mehrere Vorausscheidungen werden abgehalten, minutiös bereitet man sich vor, um auf der dem einstigen Weg des Boten nachempfundenen Strecke zu siegen. Mit Spyridon Louis ist es schließlich ein einfacher Hirte und Wasserträger, der den prestigeträchtigen Lauf zugunsten der Griechen entscheidet, die ohnehin 13 der angetretenen 17 Läufer in ihren Landesfarben ins Rennen schicken. Behilflich ist dem neuen Nationalheld Louis bei seinem Husarenstück übrigens ein Glas Rotwein als Wegzehrung.

Mythos Deutschland-Achter

Neun Studenten, acht von ihnen legen sich in die Riemen und wuchten das majestätische Boot durch das

Wasser des Lago Albano. Zug um Zug, die Konkurrenz weit hinter ihnen, schafft jeder weitere Meter
einen festeren Unterbau für eine wachsende Legende. Dann passieren sie die Ziellinie, von Erschöpfung
gezeichnet, dafür stolz und jovial aufgrund des historischen Triumphes. Und aufgrund des Mythos, den
sie auf ewig begründen sollen, die jungen Männer
des ursprünglichen Deutschland-Achters.

Das »Flaggschiff« der deutschen Ruderriege gewinnt 1960 Gold bei den Olympischen Spielen in Rom
und durchbricht die seit 1920 andauernde Dominanz
der Amerikaner in diesem Wettbewerb. Dem stolzen
Klang des Namens, der sich bis in die Neuzeit ver-
festigt, geht akribische und innovative Arbeit in den
Ruderschmieden Kiel, Lübeck und Ratzeburg voraus.
Neben Karl Wiepcke ist es vor allem der »Ruder-
professor« Karl Adam, der dem Boot ganz neue Wege
ermöglicht. Aufgrund seiner Vergangenheit im Dritten Reich und einer kontroversen Meinung zum Do-
ping im Allgemeinen nicht unumstritten, gibt es in
Sportlerkreisen dennoch nie einen Zweifel an seiner
pädagogischen Meisterleistung im Rudersport. Es
gibt keinen Stein, den der Lehrer für Mathematik,
Philosophie, Physik und Leibesübungen nicht um-
dreht, von neuen Winkeln für die Ruder über ver-
schiedenste Materialanpassungen bis hin zur sport-
psychologischen Vorbereitung. Immer im Zentrum

der Aufmerksamkeit des einstigen Boxers steht der Athlet selbst, der körperlich aber vor allem persönlich wachsen soll. Bis aus mehreren mündigen, gestärkten Individuen schließlich ein schier unschlagbares Kollektiv geformt wird. Eines, das Europa- und Weltmeisterschaften gewinnt, eines, das zusammengerechnet mit den Erfolgen der DDR-Mannschaften sechs olympische Goldmedaillen gewinnen kann. Das einen echten Mythos schafft, der auf den Namen Deutschland-Achter hört.

ZAHLEN UND REKORDE

Bob Beamons Fabelweltrekord

Fast wäre der Traum schon vorbei gewesen, bevor er überhaupt begonnen hat. Denn Weitspringer Bob Beamon leistet sich bei den Olympischen Spielen 1968 in Mexico City zwei ungültige Sprünge in der Qualifikation. Dann misst er seinen Anlauf nach und zieht mit starken 8,19 Metern doch noch ins Finale ein. Es beruhigt seine Nerven, die ihn die Nacht vor dem Wettkampf wachgehalten haben, jene Nacht, die er zum feuchtfröhlichen Tag macht und in der er seine Aufregung am Tresen in reichlich alkoholischen Drinks »ertränkt«. Relativ gelöst setzt er dann zu seinem ersten Finalsprung an und fliegt durch die Luft, wie es noch kein Weitspringer vor ihm getan hat. Nach dem majestätischen Sprung herrscht Nervosität am Rand der Sandgrube, denn es stellt sich heraus, dass das Hightech-Maßband nicht lang genug ist, um Beamons Sprung zu messen. Nach satten 20 Minuten wird schließlich das Ergebnis verkündet: 8,90 Meter. Der schlaksige Beamon ist zunächst unberührt, metrische Längenangeben sind dem amerikanischen Springer nämlich eher fremd. Dann aber dämmert es ihm – er hat den damaligen Weltrekord um ganze 55 Zentimeter überboten. »Ich dankte dem Mann im Himmel, dass er mich das Brett an diesem Tag so gut treffen ließ«, lächelt Beamon hinterher über seine unvergessene Goldmedaille. Es dauert 23 Jahre, bis sein Landsmann Mike Powell die Bestmarke bei den Weltmeisterschaften 1991 mit 8,95 Metern brechen kann.

Viele Tickets, teure Preise

Anstehende Olympische Spiele schaffen regelmäßig neue Superlative, und so ist es auch 2024 in Paris. Für die Wettbewerbe in der französischen Hauptstadt werden insgesamt fast 10 Millionen Tickets verkauft. Dieser erwartete Besucheransturm treibt so manchen Hotelier die Euro-Zeichen in die Augen. So sollen einige Hotels das 16-Fache ihrer ursprünglichen Preise verlangen. Immerhin: Die Surfwettbewerbe in Teahupo'o auf Tahiti in Französisch-Polynesien darf man umsonst vom Strand aus verfolgen.

Japanische Perfektion

Beim letzten Softball-Vorrundenspiel 2004 in Athen müssen die Japanerinnen gegen China gewinnen, um ins Halbfinale vorzustoßen. In sieben Innings lässt Werferin Yukiko Ueno dabei nicht einen gegnerischen Hit oder auch nur eine Base-Läuferin zu und schafft das im Baseball wie im Softball sagenumwobene *Perfect Game*. Dabei hilft neben ihrem bärenstarken Changeup ihr Fastball mit einer Wurfgeschwindigkeit von knapp 128 km/h. Kurze Zeit später gewinnen die Japanerinnen die Bronzemedaille.

Die USA führen im ewigen Medaillenspiegel

Bei allen Spielen schielen gerade die bekannten Sportnationen gerne auf den Medaillenspiegel, um zu sehen, wie sie im Vergleich zur Weltelite kollektiv mit ihrer Olympiamannschaft dastehen. Das lässt sich natürlich auch für alle Spiele zusammen von 1896 bis 2022 machen, wobei sich die Spannung hier, betrachtet über viele Jahrzehnte, eher in Grenzen halten wird. Die USA sind nämlich mit 2629 Medaillen insgesamt, davon 1061-mal Gold, dem Rest der Welt deutlich enteilt. Die zweitplatzierte Sowjetunion mit 1010 Medaillen wird auch keine neuen mehr dazubekommen, wobei ihre Ausbeute für die lediglich neun Sommerspiele, an denen sie teilgenommen hat, sogar prozentual gesehen noch ein wenig beeindruckender ist als jene der US-Amerikaner. Aufgrund des historischen Schicksals des osteuropäischen Staatenbündnisses dürfte aber nun wohl Großbritannien mit seinen 916 Medaillen irgendwann auf den zweiten Platz vorrücken. Auf die Briten folgen Frankreich (751 Medaillen), Deutschland (655), China (636), Italien (618), Australien (547) und Ungarn (511). Fasste man alle Länder mit ihren Vorgängernationen in ein Ranking zusammen, würden immer noch die USA führen, das heutige Russland wäre mit 1625 Medaillen auf Platz zwei, und Dritter wäre Deutschland mit 1386. Die USA führten insgesamt 18-mal den jeweiligen Medaillenspiegel an, gefolgt von der Sowjetunion (sechsmal). Frankreich, Deutschland, Großbritannien, China und einem Vereinten Team bestehend aus zwölf der 15 Nachfolgestaaten der Sowjetunion gelang dies jeweils einmal.

Dabei sein ist alles

»Dabei sein ist alles« – so lautet ein weltweit anerkanntes olympisches Motto. Während viele Sportler und Nationen sich natürlich längst nicht mehr damit zufriedengeben, stellt die bloße Teilnahme bereits für etliche Länder eine ganz persönliche Auszeichnung dar. Von den heute aktiven 206 Internationalen Olympischen Komitees haben die Sportler von insgesamt 69 Nationen noch nie in ihrer Geschichte eine olympische Medaille gewonnen, wobei es nicht daran liegt, dass sie es nicht versucht hätten. Die Athleten des Fürstentums Monaco traten insgesamt 21-mal bei Olympischen Sommerspielen an und sind bis heute medaillenlos. Dabei gewinnt der monegassische Architekt Julien Médécin 1924 in Paris mit seinem Werk »Stadion für Monte Carlo« Bronze im Wettbewerb für Städteplanung, nur werden sehr zum Leidwesen seines Verbandes derartige Erfolge heute nicht mehr offiziell anerkannt. Myanmar (früher Burma), Liechtenstein (jeweils 18-mal) und Malta (17-mal) schickten ebenfalls schon oft Mannschaften zu den Sommerspielen, ohne jemals eine Medaille mit nach Hause zu bringen.

Die goldene Karriere des Michael Phelps

Kein anderer Athlet stand bei den Olympischen Sommerspielen so oft auf dem Siegerpodest wie Michael Phelps. Der US-amerikanische Jahrhundertschwimmer aus Baltimore tritt bei insgesamt fünf Spielen an und sammelt dabei sagenhafte 23 Goldmedaillen, wobei er bei seiner ersten Qualifikation im Jahr 2000 noch ohne Edelmetall bleibt. Da ist er aber auch erst 15 Jahre alt und deutet bereits das Talent an, das ihn zum erfolgreichsten Olympioniken aller Zeiten machen soll. Neben seinen 23 Siegen gewinnt »The Baltimore Bullet« auch noch dreimal Silber und zweimal Bronze, zu unifarben soll es im Trophäenschrank ja nicht aussehen. Sein Meisterstück liefert Phelps bei den Spielen von Peking 2008 ab, wo er in allen acht Wettbewerben, in denen er antritt, Gold gewinnt und somit auch seinen Landsmann Mark Spitz überholt, der 1972 im Becken von München siebenmal zum Sieg schwamm und über 36 Jahre den Rekord für die meisten Medaillen bei einem Event gehalten hatte. Neid besteht beim Überflügelten aber keineswegs. »Einfach nur episch. Es zeigt, dass er vielleicht nicht nur der beste Schwimmer und der beste Olympionike aller Zeiten ist, sondern vielleicht sogar der größte Athlet, den es jemals gegeben hat«, rühmt Spitz den 1,93 Meter großen und 90 Kilogramm schweren Superstar. Die zweitmeisten Medaillen in der Geschichte gehen an die sowjetische Turnerin Larisa Latynina, die sich insgesamt 18-mal Edelmetall und davon neunmal Gold um den Hals hängen darf.

Alle guten Dinge sind zehn

Kurz nachdem Ian Millar 1947 im kanadischen Halifax das Licht der Welt erblickt hat, beginnt der Fernseher langsam, aber sicher seinen Siegeszug auf dem nordamerikanischen Kontinent, was für den jungen Ian ein Glücksfall sein soll. Denn so sieht er im Alter von sieben Jahren einen Schwarz-Weiß-Western im TV, bei dem ihm die Colts wedelnden Cowboys allerdings ziemlich schnuppe sind. Stattdessen verliebt er sich in die Pferde. Und es soll auf ihrem Rücken sein, auf dem er später Geschichte schreiben wird.

Denn Ian Millar wird Springreiter und schafft es 1972 erstmals zu den Olympischen Spielen nach München. Damals ist Deutschland noch geteilt, der Eiserne Vorhang spaltet Europa und die Welt in zwei Blöcke. In den nächsten Jahrzehnten passieren allerlei historische Dinge, unter anderem etliche Kriege, die Nuklearkatastrophe in Tschernobyl, die deutsche Wiedervereinigung, die Erfindung des Internets oder der Aufbruch in ein neues Millennium. Und Ian Millar reitet und reitet derweil immer weiter bei Olympischen Spielen, bis er 2012 schließlich im Alter von 65 Jahren seine zehnten Spiele bestreitet und damit den Rekord für die meisten Teilnahmen aller Zeiten aufstellt. 2008 gewinnt der heute bei vielen als »Captain Canada« bekannte Reiter in Peking seine einzige Medaille, als er mit der kanadischen Mannschaft Silber im Teamwettbewerb holt. Es ist ein gleich doppelt emotionaler Moment für Millar, denn im Frühjahr jenes Jahres verstirbt seine Frau Lynn nach 39 Jahren Ehe an Krebs. »Ich bin an diesem Tag mit einem Engel zusammen geritten«, sagt Millar anschließend, als er die Medaille seiner Frau widmet.

Money makes the Games happen

So gern man die Olympischen Spiele als ein geselliges, unschuldiges Sportfest vieler Nationen betrachten mag, so offensichtlich ist doch mittlerweile auch, dass Olympia längst zum »Big Business« geworden ist. Dem Ertrag stehen dabei immense Kosten gegenüber. Wie hoch diese genau sind, ist zwischen wechselnden Daten sowie der Trennung zwischen sportlichem und allgemeinem Bereich nicht immer einfach festzulegen. Eines aber kann man sagen: Es ist richtig viel! So beziffern Experten die schwindelerregenden Kosten für die Spiele 2008 in Peking zum Beispiel auf mehr als 40 Milliarden US-Dollar, womit sie die teuersten der Geschichte wären. Andere Austragungsorte wie Tokio, Rio de Janeiro oder London investierten ebenfalls zweistellige Milliardenbeträge. Diese und auch Pekings finale Rechnung werden nur noch getoppt von den Winterspielen in Sotschi, die Russland insgesamt sogar über 50 Milliarden gekostet haben sollen.

Alter Schwede, Oscar

Als der Sportschütze Oscar Gomer Swahn 1908 bei den Olympischen Spielen in London antritt, blickt der gemütliche Schwede mit seinem markanten Rauschebart bereits auf ein bewegtes Leben zurück. Aber in den nächsten zwölf Jahren passiert doch noch so einiges für den am 20. Oktober 1847 in Tanum geborenen 60-Jährigen. Seine ersten beiden Goldmedaillen gewinnt er im Einzel sowie im Teamwettbewerb in der Disziplin »Laufender Hirsch« (Einzelschuss), beim Doppelschuss folgt eine Bronzemedaille. Vier Jahre später wird er bei seinen Heimatspielen in Stockholm mit der Mannschaft zum bis heute ältesten Olympiasieger aller Zeiten, wobei er seinerzeit im zarten Alter von 64 Jahren und 257 Tagen sicherlich noch nichts davon ahnt. Warum auch, schließlich tritt der ewig junge Schießgeselle nach dem Ersten Weltkrieg direkt noch einmal an und wird damit auch zum ältesten Olympioniken der Geschichte, als er im belgischen Antwerpen mit 72 Jahren und 279 Tagen noch einmal mit der Mannschaft Silber holt und in zwei weiteren Disziplinen antritt. Eigentlich kann er es damals auch noch nicht lassen und wird für die Spiele 1924 nominiert, muss allerdings krankheitsbedingt absagen. Sein Sohn Alfred, mit dem er bereits alle bisherigen Spiele zusammen bestritten hatte, hält jedoch die Familienehre hoch und schraubt seine eigene Medaillensammlung auf neun, drei mehr als der Papa.

Deutsche Meisterschaften in Kanada

Als Bärbel Eckert 1976 Gold für die DDR im 200-Meter-Sprint holt, können sich die Zuschauer fast nicht sicher sein, ob sie bei Olympia sind. Denn das Rennen würde auch gut und gerne als eine innerdeutsche Meisterschaft durchgehen. Mit der Silbermedaillengewinnerin Annegret Richter aus der Bundesrepublik und Eckerts DDR-Kollegin Renate Stecher auf dem dritten Rang ist nicht nur das Podium komplett mit deutschen Läuferinnen besetzt, sondern dank Carla Bodendorf auf dem vierten Rang und Inge Helten als Fünfte gehen sogar alle fünf ersten Platzierungen an das geteilte Deutschland.

Die jüngsten Olympioniken aller Zeiten

Dimitrios Loundras ist 1896 bei den ersten Olympischen Spielen der Neuzeit in Athen gerade einmal zehn Jahre und 218 Tage alt, was ihn zum jüngsten Olympioniken aller Zeiten macht. Er darf sich als Mitglied der griechischen Barren-Mannschaft sogar über einen dritten Platz freuen, wobei das bei lediglich drei angetretenen Teams in dieser Turndisziplin auch nicht ganz so schwierig ist. Dass Loundras niemand ist, der es sich einfach macht, zeigt er nach seiner sportlichen Karriere. Er tritt in die griechische Marine ein, kämpft in beiden Weltkriegen und schafft es bis zum Rang eines Admirals.

Die jüngste Olympionikin der Geschichte kommt aus Italien und heißt Luigina »Gina« Giavotti, die 1928 mit nur elf Jahren und 302 Tagen bei den Turnwettbewerben von Amsterdam antritt und sogar eine Silbermedaille gewinnt. Es bleibt wohl ein Rekord für die Ewigkeit, denn zurzeit liegt kein Altersminimum eines internationalen Olympia-Komitees unter 13 Jahren. Die jüngste Goldmedaillengewinnerin aller Zeiten ist Marjorie Gestring aus den USA, die 1936 in Berlin Gold vom 3-Meter-Brett vor ihrer Landsfrau Katherine Rawls gewinnt; da ist sie gerade einmal 13 Jahre und 268 Tage alt.

Welche Spiele verzeichnen die meisten Zuschauer?

Laut der Onlineplattform Statista sind die Olympischen Spiele 1996 in Atlanta die bis 2024 am besten besuchten der Geschichte. Insgesamt verkauft man für die letzten Spiele des 20. Jahrhunderts 8,3 Millionen Tickets, was ungefähr 100 000 mehr sind, als die

Verantwortlichen 2012 in London unter die Leute bringen. Die Bronzemedaille geht in dieser Auflistung an die Spiele 2000 in Sydney mit 6,7 Millionen verkauften Eintrittskarten, gefolgt von Peking (6,5 Millionen verkaufte Tickets) und Rio de Janeiro (6,2 Millionen).

Großbaustelle zum Jahrtausendwechsel

Das Olympiastadion zu Sydney hat eine ganze Reihe von verschiedenen Namen durchgemacht: Stadium Australia, Telstra Stadium, ANZ Stadium, auch Sydney Olympic Stadium oder Homebush Stadium wird es von den Einheimischen genannt. Relativ unbestritten ist dagegen sein Status als das größte jemals gebaute Olympiastadion, denn bei seiner Fertigstellung finden 115 000 Zuschauer in dem weiten Rund Platz, das mit seinen geschwungenen Haupttribünen der Form eines typisch australischen Akubra-Huts nachempfunden ist. Es soll jedoch auch Kritiker geben, die das Ganze despektierlich als »Kartoffelchip« abtun. Die Zuschauer strömen zu den Spielen jedenfalls in Massen in das architektonische Aushängeschild der Spiele. Die Abschiedszeremonie am 1. Oktober 2000 zelebrieren 114 714 Zuschauer mit den Sportlern, bis heute ein Rekord. Mittlerweile ist das Fassungsvermögen des Stadions nach Umbauten deutlich auf 82 000 Plätze reduziert.

Pure Power aus Georgien

Lascha Talachadse lässt in Tokio 2020 (wegen der Covid-Pandemie verschoben auf 2021) keinen Zweifel daran, dass er der beste Gewichtheber im Superschwergewicht ist. Der Georgier mit einem Kampfgewicht von 183 Kilogramm deklassiert die Konkurrenz mit 47 mehr gestemmten Kilos. Der Abstand zum Silbermedaillengewinner Ali Davoudi aus dem Iran ist damit größer als der Abstand zwischen den Rängen zwei und acht.

Ohne uns!

So besonders die Teilnahme an den Olympischen Spielen für Sportler und Verbände auch ist, es gibt etliche Beispiele in der Geschichte, bei denen Nationen die Veranstaltung aufgrund politischer Beweggründe boykottieren. 1936 verzichtet Irland auf die Spiele in Berlin, da sich das irische Olympia-Komitee in seinem Einflussbereich in Bezug auf Nordirland beschränkt sieht. 1956 bleiben direkt acht Mannschaften den Festivitäten in Melbourne fern, darunter Ägypten, Irak, Libanon und Kambodscha als Antwort auf die Suezkrise. Acht Jahre später sagen China, Nordkorea und Indonesien ab, weil das IOC Sportler ausschließt, die zuvor an den 1963 in Jakarta statt-

findenden »Spielen der aufstrebenden Mächte« teilgenommen haben. 1976 erfolgt ein Boykott von 34
hauptsächlich afrikanischen Nationen, die gegen die
Teilnahme Neuseelands protestieren. Zuvor hatte die
neuseeländische Rugby-Nationalmannschaft entgegen einem internationalen Sport-Embargo eine
Tour durch das von der Apartheid beherrschte Südafrika gemacht. Bei den nächsten zwei Auflagen folgen ebenfalls große Boykotts, angeführt von den USA
und der Sowjetunion, den beiden prägenden Mächten
des Kalten Krieges. In Moskau 1980 fehlen 67 Länder,
vier Jahre darauf in Los Angeles sind es 18. Kuba und
Nordkorea entsagen den Spielen 1988 in Seoul, weil
die Nordkoreaner sie nicht mit ihrem Nachbarland
zusammen ausrichten dürfen. Weitere fünf Staaten
reagieren ebenfalls nicht auf Einladungen.

Chinesische Dominanz an der Platte

Es gibt ein paar unumstößliche Tatsachen in dieser
Welt: Die Erde ist rund, Usain Bolt ist schnell und
Chinesen können gut Tischtennis spielen. Also rich-
tig gut. Denn seit der Sport 1988 auf der olympischen
Agenda steht, haben die Sportler aus der Volks-
republik unglaubliche 32 von 36 möglichen Gold-
medaillen geholt. In den seit 2008 implementierten
Teamwettbewerben sind sie sogar sowohl bei den

Frauen als auch bei den Männern ungeschlagen. Tatsache!

Klein, aber fein

Viele winzige Nationen machen bei den Olympischen Spielen mit, meistens ist für sie die Teilnahme bereits ein monumentaler Erfolg. Doch so manch kleines Land schafft es sensationell auch mal auf das Siegerpodest. Als Schützin Alessandra Perilli 2021 in Tokio Bronze holt, macht sie ihre Heimat San Marino zum kleinsten Land, das jemals bei den Olympischen Spielen eine Medaille gewinnt. Im Mikrostaat leben nur rund 33 600 Menschen und damit knapp 30 000 weniger als im Inselstaat Bermuda, der dank Boxer Clarence Hill den Rekord seit 1976 innehatte. Aber statt sich zu ärgern, sichert sich Bermuda 2021 in Japan einen anderen Rekord: Flora Duffy siegt im Triathlon und macht ihre Heimat damit zum kleinsten Land, das jemals eine Goldmedaille gewinnen kann. Es gibt aber über die olympische Geschichte verteilt noch einige andere besondere Erfolge für »kleine« Nationen. 1952 in Helsinki sichert etwa Josy Barthel sich und seiner Heimat Luxemburg durch einen phänomenalen Schlussspurt Gold über 1500 Meter, 1988 siegt Schwimmer Anthony Nesty aus Suriname sensationell über 100 Meter

Schmetterling, und 2016 holt Kirani James aus Grenada mit einem furiosen Lauf Gold über 400 Meter. Damals hat er bereits eine Silbermedaille von den Spielen 2012 im Trophäenschrank, und diesen komplettiert der einzige Medaillengewinner seines Landes schließlich fünf Jahre nach seinem Goldlauf mit Bronze in Tokio.

Nicht alle Spiele finden wie geplant statt

Der Vierjahresrhythmus der Olympischen Spiele lässt eine Aufzählung aller Veranstaltungen ziemlich geordnet und simpel erscheinen, wenn da nur nicht manchmal die Weltgeschichte dazwischen kommen würde. Insgesamt gibt es vier angesetzte Spiele, die nicht wie geplant stattfinden können. 1916 wird das Sportfest in Berlin aufgrund des Ersten Weltkrieges abgesagt, und Tokio werden die Spiele 1940 infolge des Ausbruchs des Zweiten Japanisch-Chinesischen Krieges im Juli 1937 aberkannt. Auch im »Ersatzaustragungsort« Helsinki finden die 1940er-Spiele wegen des Zweiten Weltkrieges nicht statt, Gleiches gilt für London 1944. Letztlich müssen noch die Spiele 2020 in Tokio aufgrund der Covid-19-Pandemie um ein Jahr verschoben werden. Die römische Nummerierung der einzelnen Spiele läuft allerdings auch bei abgesagten Spielen weiter, womit man 2024 in Paris die Spiele der XXXIII. Olympiade feiert, obwohl faktisch erst 29 Veranstaltungen stattfanden.

Dominantes Dream Team

Michael Jordan macht in hohen Sphären seinem Namen »Air« alle Ehre, Magic Johnson zaubert Pässe an Orte, die vorher niemandem überhaupt in den Sinn kamen, und Charles Barkley oder Patrick Ewing testen spanische Korbanlagen auf ihre Tüchtigkeit. Es sind diese und andere Szenen, die man noch heute mit dem »Dream Team« verbindet, der US-amerikanischen Basketballauswahl, die 1992 in Barcelona zu Gold stürmt. Für viele ist die erste olympische Profi-Auswahl das beste jemals zusammengestellte Team der Geschichte, ein Mythos, der sich aus weit mehr als ihrer Dominanz speist. Diese bleibt natürlich trotzdem mehr als nur beachtlich. So steht für die US-Boys am Ende ein Gesamtscore von 938:588 nach acht Partien zu Buche, was bedeutet, dass sie jedes ihrer Spiele im Durchschnitt mit 43,75 Punkten Unterschied gewinnen. Es läuft alles so dermaßen rund, dass Head Coach Chuck Daly das gesamte Turnier über nicht eine Auszeit nehmen muss, um eventuell seine Mannen einmal neu einzustellen oder einen Lauf des Gegners zu unterbrechen. Traumhaft!

Das olympische Gender-Gap

Anfangs sind die Olympischen Spiele ausschließlich Männern vorbehalten, und selbst nach Öffnung der Wettbewerbe für Frauen wird das Teilnehmerfeld noch lange von Männern dominiert. 1956 in Melbourne sind laut Statista 2938 Männer und lediglich 376 Frauen aktiv, 1980 in Moskau liegt das Verhältnis bei 4064 männlichen und 1115 weiblichen Teilnehmern. Seit Mitte der 1990er-Jahre ist allerdings ein deutlicher Trend zu erkennen, der wesentlich mehr Frauen bei den Olympischen Spielen antreten lässt. 2012 in London schicken erstmals alle Nationen Frauen als Aktive zu den Spielen, was auch 2021 in Tokio der Fall ist, wo mit 5386 fast so viele Frauen wie Männer (5651) an den Start gehen.

Unschlagbare Staffel

1960 wird die 4 × 100-Meter-Lagenstaffel der Männer im Schwimmen erstmals ausgetragen, bis heute hat dieser Wettbewerb also 16-mal in der olympischen Geschichte stattgefunden. Für große Spannung ist dabei allerdings meistens nicht gesorgt, denn bis auf ein einziges Rennen haben die USA jede Staffel für sich entscheiden können. Die einzige andere Nation, die in dieser Disziplin Gold holen darf, ist Australien, aber wohl auch nur, weil die Amerikaner 1980 in Moskau nicht mit dabei sind.

Im Sommer wie im Winter

In der Geschichte der Olympischen Spiele gehen einige Athleten sowohl im Sommer als auch im Winter im Schatten der Ringe auf Medaillenjagd. Manche von ihnen sind dabei sogar erfolgreich. Der erste Doppel-Medaillengewinner ist der Amerikaner Eddie Eagan, ein smarter Kopf, der die Unis in Oxford, Harvard sowie Yale besucht und später in die Family des Zahnpasta- und Shampoo-Imperiums Colgate-Palmolive einheiratet. 1920 gewinnt Eagan Box-Gold im Halbschwergewicht und 1932 siegt er als Teil des US-Viererbob-Teams, womit er neben Gillis Grafström der einzige Athlet ist, der bei beiden Spielen Goldmedaillen gewinnt. Dem Schweden Grafström gelingt das Kunststück jeweils im Eiskunstlaufen, was 1920 noch bei den Sommerspielen mit ausgetragen wird. Skispringer Jacob Tullin Thams aus Norwegen holt 1924 in Chamonix Gold von der Großschanze, bevor der hauptamtliche Hochseematrose 1936 in der 8-Meter-Klasse Segel-Silber gewinnt. Christa Luding-Rothenburger erkämpft sich vier Eisschnelllauf-Medaillen sowie einmal Silber im Bahnrad-Sprint, dabei tritt sie zunächst für die DDR und später für das vereinte Deutschland an. Clara Hughes ist durch und durch Kanadierin, aber auch ihr reichen ihre Erfolge auf dem Fahrrad nicht aus. Nach Rad-Bronze 1996 in Atlanta holt sie zehn Jahre später Gold im Eisschnelllauf. Lauryn Williams gelingt das Kunststück mit zwei Leichtathletik-Medaillen in den Jahren 2004 (Silber) und 2012 (Gold), und in Sotschi 2014 gewinnt sie die Silbermedaille im Zweierbob. Eduardo Alvarez ist der jüngste vielseitige Medaillengewinner, er gewinnt 2014 Silber im Shorttrack, bevor er 2021 in Tokio mit dem US-Baseball Team ebenfalls den zweiten Platz belegt.

»Verkehrte« Welt bei Olympia

Stand 2022 leben knapp 60 Prozent der Weltbevölkerung in Asien, ungefähr 9,3 Prozent kommen aus Europa. Bei den Teilnehmerzahlen der Olympischen Spiele herrscht historisch gesehen aber ein ganz anderes Verhältnis. So stellen die Europäer bis 2016 über 57 Prozent aller olympischen Sportler, aus Asien kommen zum damaligen Zeitpunkt gerade einmal 12,8 Prozent.

Auf freiwilliger Basis

Wie auch andere Großveranstaltungen übernimmt eine riesige Schar von Freiwilligen bei den Olympischen Spielen allerlei wichtige Aufgaben. Dafür werden sie extra mit Onlinekursen und Workshops vorbereitet, damit vor Ort alles glattläuft. Bei den Spielen 2021 in Tokio gibt es sogar zweierlei Freiwillige: einmal das sogenannte Field Cast, das sich um die sportlichen Wettbewerbe kümmert, und das City Cast, das von der Stadt aus den Sportlern mit Rat und Tat zur Seite steht. Insgesamt sind in Tokio an die 110 000 Volunteers im Einsatz, auch aufgrund der besonderen Herausforderungen durch die Covid-19-Pandemie. In Paris 2024 liegt die Zahl der ausgeschriebenen Stellen bei lediglich 45 000.

Indien in den Rekordbüchern

Von 1928 bis 1956 gewinnt die indische Feldhockey-Nationalmannschaft jedes olympische Turnier der Männer. Kein Wunder also, dass da so mancher Bestwert herausspringt. So hält das Team den Rekord für den höchsten Sieg auf internationaler Ebene mit einem 24:1 über die USA im Jahr 1932 in Los Angeles. Im selben Match gelingen dem Stürmer Roop Singh unglaubliche zehn Tore, was bis heute ebenfalls eine olympische Höchstleistung bedeutet.

Die Grande Dame des Tennissports

Suzanne Lenglen gilt als eine der besten Tennis-
spielerinnen aller Zeiten. Wenn man sich ihre Performance bei Olympia 1924 ansieht, weiß man auch,
warum. In fünf Einzel-Spielen in Antwerpen gibt die
25-fache Grand-Slam-Siegerin gerade einmal vier
Spiele ab. Sie gewinnt außerdem Gold im Mixed und
holt zusätzlich noch Bronze im Doppel.

Zielsichere Südkoreanerinnen

Wer einen besonders spannenden Wettkampf bei den
Olympischen Spielen verfolgen möchte, der sollte
vielleicht auf das Zusehen beim Bogenschieß-Team-
event der Damen verzichten. Hier gibt es nämlich seit
1984 immer nur einen Sieger: die Schützinnen aus
Südkorea. Insgesamt ist das südostasiatische Land
mit 43 Medaillen die erfolgreichste Nation mit Pfeil
und Bogen vor den USA, die insgesamt 33-mal auf
dem Podium stehen.

Deutsche Damen als Dauerbrenner

In der deutschen Olympiageschichte sind es vor allem
die Damen, die sich mit besonders großen Medaillen-
sammlungen hervortun. Allen voran rangiert Kajak-

Legende Birgit Fischer, die bei sechs Olympischen Spielen achtmal Gold und viermal Silber für die DDR und das wiedervereinte Deutschland gewinnt. Es wären wohl noch mehr Medaillen gewesen, hätte die DDR nicht die Spiele 1984 in Los Angeles boykottiert. Neben Fischer sind die Reiterin Isabell Werth mit zwölfmal Edelmetall und Franziska van Almsick mit zehn Medaillen am erfolgreichsten, auch wenn »Goldfisch« Van Almsick ihrem Namen bei Olympia ohne ersten Platz nie buchstäblich gerecht werden kann. Dressurreiter Reiner Klimke holt bei den deutschen Männern die meisten Podiumsplätze mit sechsmal Gold und zweimal Bronze zwischen 1960 und 1988. Diese überragenden Leistungen bringen dem langjährigen CDU-Politiker und Ehrenbürger der Stadt Münster somit die Ehre einer eigenen Briefmarke in Paraguay ein. Gleiches bleibt Birgit Fischer zwar verwehrt, dafür setzt die Brandenburgerin ein deutliches Zeichen für alle sportbegeisterten Mütter. Bis auf ihr erstes olympisches Gold 1980 gewinnt sie alle weiteren Medaillen nach der Geburt ihres Sohnes Ole beziehungsweise als zweifache Mutter in Folge der Geburt von Tochter Ulla. »Wir dürfen Mütter nicht für den Leistungssport verlieren«, mahnt Fischer, die während ihrer Karriere zeitweise Kritik ob ihres gelebten Kindertraumes erfährt und sich eine bessere Unterstützung werdender Mütter im Spitzensport wünscht.

Ein Event, ein Sieger

Sechs Olympioniken ist es in der Geschichte gelungen, ein individuelles Event bei vier aufeinanderfolgenden Spielen zu gewinnen. Paul Elvstrøm siegt von 1948 bis 1960 in der Firefly-Klasse, die ab 1952 durch die Finn-Dinghy-Klasse ersetzt wird. 1956, 1960, 1964 und 1968 gewinnt jedes Mal der Amerikaner Al Oerter den Diskuswurf-Wettbewerb, Gleiches gelingt seinem Landsmann Carl Lewis im Weitsprung zwischen 1984 und 1996. Die japanische Ringerin Kaori Ichō gewinnt von 2004 und 2016 viermal Gold auf der Matte und ist damit die einzige Frau, die dieses Kunststück fertigbringt. Mijaín López, Superschwergewicht im griechisch-römischen Stil aus Kuba, siegt ebenfalls viermal hintereinander in Peking, London, Rio und Tokio. Mega-Olympionike Michael Phelps darf in so einer Liste natürlich nicht fehlen. Er gewinnt von 2004 bis 2016 jeweils die 200 Meter Lagen der Männer.

Alles andere als soft

Die US-amerikanische Softball-Mannschaft von 2004 ist wohl eine der dominantesten der gesamten Olympiageschichte. Sie gewinnt ihre neun Spiele mit einem Gesamtscore von 51:1, den einzigen Run geben sie im Finale gegen die Australierinnen ab. Gleichzeitig stellen die Amerikanerinnen eine ganze Reihe von individuellen wie kollektiven Rekorden auf. Unter anderem haben sie mit .343 den höchsten Batting Average (Schlagdurchschnitt) aller Zeiten, sammeln die meisten Siege und generieren die meisten Shutouts während eines Turniers. Lisa Fernandez hat mit .545 den besten Batting Average überhaupt, außerdem sind Crystl Bustos' zehn RBIs (Runs Batted In) ein Bestwert.

Extrem kurze Freude

Kein olympischer Rekord wird wohl schneller gebrochen als jener der westdeutschen Fünfkämpferin Heide Rosendahl 1972 in München. Sie siegt im abschließenden 200-Meter-Lauf und stellt dabei mit insgesamt 4791 Punkten einen neuen Olympiarekord auf. Dieser wird aber schon 1,12 Sekunden später durch die Britin Mary Peters gebrochen, die mit ihrem sechsten Platz im Rennen ihren Gesamtpunktestand auf 4801 Punkte schraubt und somit Gold gewinnt. Wie gewonnen, so zerronnen für Rosendahl. Aber die Rheinländerin kann sich dafür mit zwei Goldmedaillen im Weitsprung als auch mit der 4 × 100-Meter-Staffel trösten.

Der Box-Skandal von Seoul

Der Südkoreaner Park Si-hun tritt 1988 im Halb-mittelgewichtsfinale von Seoul gegen den US-Ame-rikaner Roy Jones junior an und sieht während des gesamten Kampfes kaum einen Stich gegen den spä-teren Weltmeister in acht verschiedenen Gewichts-klassen. Man merkt Park erstmals die gebrochene rechte Hand an, mit der er schon das gesamte Tur-nier über kämpft, und laut eigener Aussage ist der Amerikaner »auf einem ganz anderen Level«. Bei der Verkündung des Ergebnisses folgt dann aber die große Überraschung: Die Kampfrichter erklären Park zum Sieger nach Punkten. Dabei beweisen an-schließende Analysen, dass Jones 86 Treffer während des Matches landen kann im Vergleich zu lediglich 32 seines Gegenübers, insgesamt macht er mit 303 Schlägen weit mehr als die 188 des Südkoreaners. Aber die Punktrichter interessiert es nicht, sie geben hinterher offen zu, dass sie aus Mitleid für den Lokal-matador gestimmt haben. Diesem tun sie damit aber keineswegs einen Gefallen. Park entschuldigt sich umgehend bei Jones und gesteht später, dass er lie-ber Silber gewonnen hätte.

Ein letztes Hurra

Die DDR nimmt als eigenständige Mannschaft an fünf Olympischen Spielen teil und fährt dabei reihenweise Erfolge ein. Die insgesamt 1394 Sportler, die zu Olympia reisen, bringen zusammen 409 Medaillen nach Hause, davon 153-mal Gold. Finden die Spiele 1980 in Moskau aufgrund des großen Boykotts westlicher Staaten noch unter besonderen Bedingungen statt, ist das Abschneiden der DDR-Sportler 1988 ein tatsächlich letztes großes Hurra. Bei einer Einwohnerzahl von nur circa 16,6 Millionen Menschen landet das Team mit 102 Medaillen auf dem zweiten Rang im Medaillenspiegel, knapp hinter der Sowjetunion (132 Medaillen, 286 Millionen Einwohner) und noch vor den USA (94 Medaillen, 244,5 Millionen Einwohner). Rund zwei Jahre später gibt es die DDR als Staat nach der deutschen Wiedervereinigung allerdings nicht mehr.

San Marino mit Megaquote

Bei seinen ersten 14 Teilnahmen an den Olympischen Sommerspielen gewinnt San Marino nicht eine einzige Medaille. Bei den Spielen 2020 in Tokio (ausgetragen 2021) schafft es das Land mit seinen fünf Teilnehmern dann dreimal auf das Podium. Damit gewinnt das Land mit ungefähr 33 600 Einwohnern eine Medaille pro 11 200 Einwohner, die beste derartige Quote in der Olympiageschichte. Zum Vergleich: Die USA müssten 29 600 Medaillen gewinnen, um auf den gleichen Wert zu kommen.

Home Not So Sweet Home

Schon vor der Eröffnungsfeier 1976 in Montreal stehen die ersten Spiele auf kanadischem Boden unter keinem guten Stern. Viele afrikanische Länder boykottieren die Spiele aufgrund Neuseelands Teilnahme, nach dem Massaker von München vier Jahre zuvor sind die Sicherheitsbedenken enorm, und der Bau des Olympiastadions verzögert sich aufgrund technischer Probleme, den kalten Wintern und Streiks so sehr, dass die Eröffnungsfeier in einem nicht fertiggestellten Stadion stattfindet. Architekt Roger Taillibert möchte von anfangs zu ambitionierten Bauplänen nicht abrücken, und es gibt immense Probleme beim Bau des im Stadion eingebetteten Turms. Dieser wird sogar erst zehn Jahre nach den Spielen endgültig fertig.

Aber auch sportlich läuft es für die Kanadier in »The Big O«, wie der Spitzname des Stadions lautet, und den anderen Sportstätten nicht viel besser. Denn Kanada ist bis heute das einzige Gastgeberland der

Olympischen Spiele, das trotz Heimvorteil keine einzige Goldmedaille gewonnen hat.

Enge Kiste

Durch die Vielzahl von Wettbewerben sind die Olympischen Spiele dafür prädestiniert, spannende Sportmomente zu liefern, und gerade bei Zieleinläufen kann es mitunter ziemlich eng werden. Viel enger als beim Straßenradrennen 1964 in Tokio wird es dabei wohl nicht. Erster im damaligen Massensprint wird der Italiener Mario Zanin, der die 194,83 Kilometer in zeitweise heftigem Regen mit einer Siegeszeit von 4:39:51.63 zurücklegt. Das Besondere daran ist, dass er damit nur zwei Zehntel einer Sekunde vor dem Iraner Sayed Esmail Hosseini auf Platz 99 ins Ziel geht. Insgesamt haben 51 von 139 Fahrern die gleiche offizielle Zeit. Die finalen Platzierungen ab Platz 35 sind bis heute umstritten; dass die Kampfrichter es dabei nicht ganz einfach hatten, dagegen nicht.

Der beste Sprung aller Zeiten

Am 7. August 2021 schreibt Chinas Yang Jian bei den Olympischen Spielen von Tokio Geschichte. Denn mit seinem viereinhalbfachen Salto vorwärts von der 10-Meter-Plattform gelingen dem 1,67 Meter großen Mann aus Luzhou vorher nie dagewesene 112,75 Punkte. Als Belohnung bekommt er einen Eintrag ins Guinness-Buch der Rekorde, muss sich aber im Wettkampf mit der Silbermedaille begnügen und seinem Landsmann Cao Yuan aufgrund größerer Konstanz den Vortritt lassen.

ANEKDOTEN UND KURIOSES

Ohne Schlüssel wird es selbst bei Olympia schwierig

Nur wenige Stunden vor der Eröffnung der Olympischen Spiele 2016 in Brasilien wundern sich etliche Zuschauer, warum sie nicht ins altehrwürdige Maracanã-Stadion von Rio de Janeiro gelassen werden. Schließlich soll hier mit dem Fußballspiel der schwedischen und südafrikanischen Frauen einer der ersten Events der Spiele stattfinden. Ähnlich rätselhaft ist den Offiziellen aber auch der Aufenthaltsort eines Schlüssels, der eigentlich schon längst das mit einem kleinen Vorhängeschloss versehene Osttor der Arena hätte aufsperren sollen, nun aber verloren gegangen ist. Nach verzweifelter Suche und etlichen Schuldzuweisungen werden zwei Feuerwehrmänner gerufen, die dem Schloss mit einem Bolzenschneider zu Leibe rücken. Zu diesem Zeitpunkt sind viele Fans aber nach langer Wartezeit schon auf andere Eingänge umgeleitet worden.

Auch die Liebe kommt bei Olympia nicht zu kurz

Siegerzeiten, Rekorddistanzen, Medaillenspiegel ... alles interessant, aber es gibt noch eine weitere Zahl in Bezug auf die Olympischen Spiele, die in der jüngsten Vergangenheit mit Spannung erwartet wurde. Es handelt sich dabei um die Anzahl der ausgehändigten Kondome, die seit 1988 und dem Aufkommen von HIV durch die Organisatoren verteilt werden. Nebst sportlichen Höchstleistungen sind natürlich immer auch allerlei Liebschaften während der Spiele zu erwarten, befinden sich doch mittlerweile weit über 10000 nicht selten sehr attraktive Athleten und Athletinnen aus mehr als 200 Ländern auf engstem Raum. Nicht wenige sprechen hinter vorgehaltener Hand bereits davon, dass es mittlerweile eine inoffizielle olympische Disziplin namens »Betthüpfen« gibt.

Als warnendes Beispiel gilt Sydney im Jahr 2000, wo die australischen Ausrichter während der Spiele 20000 Kondome nachordern müssen, weil die ursprünglichen 70000 zur Neige gehen. Den Rekord für die meisten ausgehändigten Kondome halten die Spiele 2016 in Rio de Janeiro, wo man mithilfe von 450000 Gummis die Verbreitung des Zikavirus einzudämmen versucht. Damit kam jeder Sportler damals auf etwa 42 Kondome pro Person. Fünf Jahre später in Tokio sind es »nur« noch gut 150 000, die aufgrund der Covid-19-Pandemie aber ausdrücklich nicht während der Spiele gebraucht werden sollen.

Besonderer Sand

Zwei ihrer vielleicht spektakulärsten Olympiasiege der Neuzeit feiert die deutsche Mannschaft auf Sand: 2012 gewinnen Julius Brink und Jonas Reckermann Gold beim Beachvolleyball in London, und 2016 gelingt dieses Kunststück Laura Ludwig und Kira Walkenhorst in Rio de Janeiro. Bei Betrachtung der Bilder fällt auf, dass trotz der mehr als anstrengenden Sportart nur wenig Sand an den schweißnassen Körpern der Athleten haftet. Wie kann das sein?

Der Sand für einen Beachvolleyball-Court muss höchsten Anforderungen des Volleyball-Weltverbandes FIVB genügen. So muss er nicht nur mindestens 40 Zentimeter tief sein, sondern die einzelnen Körner werden auch extra für ihren Einsatz gesiebt. Offiziell ist »nicht zu grober« Sand erwünscht, und er muss frei von jeglichen Steinen oder Muschelresten sein. Durch die vorgegebene natürliche Witterung haben die einzelnen Körner gerundete Ecken, was eine bessere Drainage und somit ein geringeres Maß an Feuchtigkeit ermöglicht.

Mit Rattengift zum Sieg im Marathon

Der olympische Marathon im Jahr 1904 hat eigentlich schon vor dem Start niemals die Chance, ein normales Rennen zu werden. Cheforganisator James E. Sullivan fällt neben der Streckenführung auch durch rassistische Bühnenstücke sowie menschenverachtende Wettkämpfe auf, welche die in seinem Weltbild zentrale Überlegenheit weißer über dunkelhäutige Menschen darlegen sollen. In den 40 Kilometern sieht er außerdem eine Möglichkeit, seine Thesen zur physischen Ertüchtigung zu beweisen, die unter anderem einen negativen Effekt von Essen oder Trinken bei Langstreckenläufen proklamieren und willentliche Dehydration verlangen. Klingt gefährlich, ist es auch!

Vor diesem eher traurigen Hintergrund startet bei brütenden 32 Grad ein zeitweise gar aberwitziges Rennen mit beispielsweise einem Schlachter, einem Postboten und einem hauptamtlichen Zirkusclown. Sie alle kommen nur in den Genuss einer Wasserstation und laufen auf den braunen Schotterstraßen lange Zeit durch eine gewaltige Staubwolke, aufgewirbelt vom Tross aus Pferden, Offiziellen, Coaches und Journalisten, der ihnen eigentlich den Weg frei machen soll. Wenig verwunderlich streichen etliche Läufer die Segel, manche sogar mit ernsthaften gesundheitlichen Problemen. Frederick Lorz entkommt diesen, indem er etliche Kilometer in einem Auto mitfährt. Dass er sich scherzhaft im Ziel als Sieger feiern lässt, finden die Organisatoren weniger witzig und sperren ihn auf Lebenszeit. Somit ist der Weg frei für Thomas Hicks. Der Amerikaner hat zwar gegen Ende des Rennens auch seine Schwierigkeiten mit der Hitze, aber zwei Portionen Strychnin, Eiweiß und Brandy setzen neue Kräfte frei. Zum Glück läuft hier bei der Dosierung nichts falsch, denn Strychnin wurde einst als Rattengift eingesetzt und steht heute auf der Dopingliste. Schlussendlich kommen nur 14 von 32 Läufern ins Ziel, Hicks' Siegerzeit von 3:28:53 Stunden ist dabei wenig überraschend die mit Abstand langsamste der Olympiageschichte.

Teure Tickets für australische Sportler

Wenn die eigene Basketballnationalmannschaft im Halbfinale der Olympischen Spiele steht, dann möchte man das als stolzes Mitglied der Olympiamannschaft von *Down Under* natürlich sehen. Und am besten hat man einen Platz ganz weit vorn!

Das dachten sich 2016 auch neun australische Sportler, die das Spiel der »Boomers« gegen Serbien sehen wollen. Die ihnen üblicherweise zugewiesenen freien Plätze reichen der Gruppe um die mit einer Bronzemedaille dekorierten Bogenschützen Alec Potts und Ryan Tyack aber nicht. Und so fälschen sie prompt ihre Akkreditierungen, um Plätze näher am Spielfeld zu bekommen. Dumm nur, dass die Sicherheitskräfte auf den Schwindel aufmerksam werden und die Basketballfans mit einer Anklage für Dokumentenfälschung bei der Polizei landen. Letztlich kommen sie gerade noch mit einer Geldstrafe von 3100 US-Dollar pro Kopf vor einem Gefängnisaufenthalt davon, müssen aber zerknirscht feststellen, dass ihre Basketballer gegen Serbien verloren haben.

Ein selbstreflektierender Schotte

Mit sechs Goldmedaillen im Bahnradfahren zählt Chris Hoy zu den berühmtesten britischen Olympioniken der Neuzeit. Zu Kopf gestiegen sind dem Mann aus Edinburgh, der einst wegen dem Filmklassiker *E.T.* mit dem Radeln beginnt, diese Erfolge aber wohl nicht. Auf die Frage eines Reporters, was Chris Hoy über Chris Hoy denke, antwortet der Schotte bei den Spielen 2008 in Peking: »Chris Hoy denkt, dass der Tag, an dem Chris Hoy über Chris Hoy in der dritten Person spricht, der Tag sein wird, an dem Chris Hoy in seinem eigenen Hinterteil verschwindet.«

Mit dem richtigen Beat zu Bronze

Dass es Skateboarder relativ entspannt angehen lassen, ist hinlänglich bekannt. Dieser Vibe darf natürlich auch bei den Olympischen Spielen nicht fehlen, wo der Sport auf dem rollenden Brett erstmals 2021 zum Programm gehört. Ganz genau nimmt das Jagger Eaton, der mit Airpods in den Ohren und dem Telefon in der Tasche in der Street Competition antritt und schlussendlich sogar die Bronzemedaille gewinnt. Es wirkt, als ob er einfach nur so durch die Gegend skatet, wie er es an einem ruhigen Sonntag in seiner Heimat Arizona mit seinen Kumpels machen würde. Inklusive herausfallendem Airpod übrigens, was der großen Bewunderung in den sozialen Netzwerken aber keinen Abbruch tut. Im Gegenteil!

Es ist nicht alles Gold, was glänzt

Schillernde Goldmedaillen sind wie kaum etwas anderes ein Symbol für sportliche Höchstleistungen und ihres Zeichens Synonym für die Besonderheit Olympias. Aber auch wenn viele Sportler nach ihren Erfolgen den Bisstest mit ihren Zähnen machen, so bestehen die Siegesmedaillen gar nicht aus Gold, denn das käme dem IOC ziemlich teuer zu stehen. Eine Hochrechnung besagt, dass die Medaillen für die Olympischen Spiele in London 2012 gut 40 Millionen US-Dollar gekostet hätten, wenn sie tatsächlich aus echtem Gold gewesen wären. In Endeffekt sind die Preise für die Sieger aus 92,5 Prozent Silber und müssen lediglich 6 Gramm Gold enthalten, was 2020 in etwa einem Wert von 800 US-Dollar entspricht. Weitere Standards schreiben einen 6 Zentimeter großen Durchmesser und 3 Millimeter Dicke vor. Schön glänzen tun sie natürlich trotzdem!

Tauben leben bei Olympia gefährlich

Schießwettbewerbe haben bei den Spielen bis heute eine lange Tradition, doch einige Kapitel dieser olympischen Geschichte sind recht unrühmlich. Natürlich nicht, wenn man die Initiatoren des Taubenschießwettbewerbs bei den Spielen von Paris im Jahr 1900 fragt, die finden das Abschießen der Vögel im Bois de Boulogne durchaus »aristokratisch«. Sechs lebendige Tauben werden jeweils vor den Schützen freigelassen, die sie dann mit dem Gewehr vom Himmel holen sollen. Wer zweimal hintereinander vorbeischießt, scheidet aus. Letztlich gibt es zwei große Schießwettbewerbe in dieser Form, die sich zu einem beispiellosen Gemetzel ausweiten und Hunderte tote wie verletzte Vögel am Boden zurücklassen. Der Belgier Léon de Lunden gewinnt mit 21 Abschüssen den

World Expo Grand Prize, und der Australier Donald Mackintosh siegt dank 22 Treffern in der Kategorie Centenary Grand Prize. Tierschutzorganisationen zeigen sich wenig beeindruckt, gehen auf die Barrikaden und besiegeln das Ende dieser Wettbewerbsform. Seitdem macht man von den heute gängigen Tontauben Gebrauch.

Mit Beginn der Spiele 1988 in Seoul sind Tauben auch nicht mehr Teil der Eröffnungszeremonie, nachdem etliche statt in den Himmel zu steigen, verwirrt im Stadion gelandet und dabei mehrere von ihnen im olympischen Feuer verbrannt sind.

Dünne Luft? Kein Problem

Die Forschung in Sachen Höhentraining ist in den 1960er-Jahren noch nicht auf dem Stand, auf dem sie heute ist. Und auch das Olympische Komitee kann nicht mit absoluter Sicherheit behaupten, ob sich die extrem dünne Luft in Mexico City, 2240 Meter über dem Meeresspiegel gelegen, vielleicht auf die Athleten auswirken könnte. Deshalb soll ein Mitglied des IOC beim Vergabekongress 1963 in Baden-Baden die mexikanische Delegation nochmals explizit gefragt haben: »Wird die Höhe einen besonderen Effekt auf die Wettbewerbe haben?« Ein Repräsentant der Mexikaner steht auf und entgegnet selbstsicher: »Nein.«

Und damit nehmen die Dinge ihren Lauf. Für die ersten Spiele in Lateinamerika wird es eine höchst aufregende Geschichte, aber eben auch eine, bei der die Höhenluft natürlich eine prominente Rolle spielt. Für etliche Athleten keine besonders rühmliche, leiden doch gerade Ausdauersportler an dem geringeren Sauerstoffanteil in der Luft und werden von Halluzinationen, Zusammenbrüchen sowie allerlei anderen Problemen geplagt.

Duell im Morgengrauen

Zwei Männer stehen mit einer Pistole 20 oder 30 Meter voneinander entfernt, dabei sind sie in ausladende, schwere Mäntel gehüllt und tragen Vollgesichtsmasken, mit denen sie in fast jedem Slasher-Film gute Chancen auf eine Hauptrolle hätten. Was martialisch klingt, hätte es fast auf die olympische Agenda geschafft. Bei den Spielen 1908 in London findet eine Demonstration in der Fechtarena statt, bei der allerdings lediglich mit Wachskugeln geschossen wird – sehr zum Missmut so manchen nostalgischen Gentlemans, für den diese Form des Duells seit jeher die noble Art der Konfliktbeilegung symbolisiert. Bei den Olympischen Spielen verfängt das Duellieren verständlicherweise nicht. Beim Wettbewerb mit der Duellpistole vier Jahre später kleidet man dafür die

Ziele, auf die aus 30 Meter Entfernung gefeuert wird, immerhin in teure Gehröcke, auf denen eine Zielscheibe angebracht ist.

Waldi der Erste

Die 1972er-Spiele in München haben etwas, das vor ihnen lediglich die Winterspiele im Jahr 1968 ihr Eigen nennen dürfen: ein Maskottchen. »Waldi« nennt sich der von Otl Aicher designte bunte Dackel, der zu einem der Stars der Spiele wird und für typische athletische Eigenschaften wie Durchhaltevermögen, Agilität sowie Widerstandsfähigkeit stehen soll. Er erstrahlt seinerzeit in allen olympischen Farben, außer in Schwarz und Rot, damit er nicht an die Banner der NS-Zeit erinnert. Zur Einweihung der neuen Fußgängerzone in München findet vor den Spielen eine Dackelparade statt, bei der über 1500 Tiere mit ihren Frauchen und Herrchen mitlaufen dürfen. Selbst die Marathonstrecke durch die Stadt wird so gesteckt, dass sie den Körperbau des kleinen Rackers nachzeichnet. Wenn schon ein Maskottchen, dann richtig! Waldis Popularität gibt den Verantwortlichen durchaus recht. Über 2 Millionen Dackel-Fanartikel werden während der Spiele verkauft, und seit jenem Jahr lässt es sich kein Austragungsort nehmen, ein eigenes Maskottchen zu kreieren.

Der berühmte Jesse hieß überhaupt nicht Jesse

Jesse Owens ist einer der berühmtesten Sportler in der Geschichte der Olympischen Spiele, gewinnt er doch als Leichtathlet in Berlin 1936 insgesamt vier Goldmedaillen im Sprint sowie im Weitsprung. Noch heute hallt sein bekannter Name nach, auch wenn es gar nicht sein richtiger Name ist. Denn Jesse heißt eigentlich James Cleveland mit Vornamen, kurz »J.C.«. Als er in Jugendjahren die Schule wechselt, nennt er diese Abkürzung seiner Lehrerin, die aber aufgrund seines starken Südstaatenakzents »Jesse« versteht. Und als jener soll er dann eben olympische Geschichte schreiben.

Was stellt denn die Medaille dar?

Großer Aufruhr vor den Sommerspielen 2000 in Sydney, vor allem von Seiten der Griechen: Die Medaillen sind falsch gestaltet! Tatsächlich zeigt das Design der Preise in Australien das berühmte römische Kolosseum statt eines gewünschten griechischen Tempels, Designer Wojciech Pietranik gibt sogar offen zu, dass er sich an dem historischen Monument orientiert hat. Sein vermeintlicher Ausrutscher zieht eine deutliche Anpassung der Statuten nach sich. Diese besagen seit jeher, dass man sich am Design der Spiele von 1928 in Amsterdam orientieren soll, bei dem im Hintergrund ein Kolosseum zu sehen ist. Es soll aber eben nicht das römische sein, argumentieren Kritiker, das angeblich durch seine teils blutige wie brutale Vergangenheit aufgrund von Gladiatorenkämpfen und Ähnlichem nicht mit dem friedvollen olympischen Gedanken zu vereinbaren ist. Für die Spiele von Sydney ist es aber zu spät, um etwas zu ändern, und somit erhalten die Sieger eine wahrlich einzigartige Medaille.

»Ich habe ein Golfturnier gewonnen ...«

Im Jahr 1900 trudelt ein unscheinbarer Brief bei Margaret Abbotts Verwandten in Illinois ein. In diesem berichtet die Absenderin, was sie abseits ihrer Studien in Paris so treibt. »Ich habe ein Golfturnier, eine Art Vorführung, gewonnen«, so die talentierte Golferin, die als reiche Kaufmannstochter in ihrer Heimat seit Jahren im Sport mit der kleinen weißen Kugel ausgebildet wird. »Die Französinnen haben den Sinn des Spiels, glaube ich, vorher nicht gekannt, sie traten in High Heels und engen Kleidern an.« Die *Chicago Tribune* übernimmt die Info und schreibt, dass Abbott einen sogenannten »Golf Cup« in Paris gewonnen habe. Es ist aber nicht bloß eine Vorführung, irgendein Turnier oder ein gewisser Cup: Abbott hat ohne ihre Kenntnis das olympische Golfturnier gewonnen!

Bis zu ihrem Tod 1955 bleibt diese kleine, aber feine Information der späteren vierfachen Mutter verwehrt. Erst 70 Jahre nach ihrem Triumph deckt die amerikanische Professorin Paula Welch von der University of Florida die Geschichte auf, und somit kommt Abbott posthum zu dem olympischen Ruhm, den sie verdient.

Der unbekannte Champion

Schüchtern blickt er in seiner Straßenkleidung in die Kamera, neben ihm seine muskulösen Gefährten, die er just zum Sieg im olympischen Rudern gesteuert hat. Und bis heute weiß niemand, wer er ist.

Im Jahr 1900 verlieren die Niederländer François Brandt und Roelof Klein mit Steuermann Professor Hermanus Brockmann ihren Vorlauf deutlich gegen ein Boot der französischen Société Nautique de la Marne. Ihre Zeit ist immerhin gut genug, um sich für das Finale zu qualifizieren, vor welchem ihnen auffällt, dass die französischen Ruderer jeweils Kinder als Steuermänner einsetzen. Um ebenfalls von einer Gewichtsverringerung zu profitieren, ersetzen

Brandt und Klein den Professor durch einen Jungen, den sie laut eines Tagebucheintrags »auf der Straße« aufgegabelt haben. Er wiegt mit 33 Kilogramm fast die Hälfte von Brockmann, und es bedarf sogar eines 5 Kilo schweren Extragewichts, damit das Boot nicht aus dem Wasser ragt. Doch es hilft; die beiden Niederländer rudern mit ihrem neuen Mannschaftskameraden zum umjubelten Triumph. Hinterher wird ein Schnappschuss von den Olympiasiegern gemacht, die Identität des Jungen, den manche für den vielleicht jüngsten Sieger aller Zeiten halten, erfragt aber niemand. Bis heute hat man sie trotz etlicher Versuche nicht eindeutig bestimmen können. Und ob der oftmals als »French Boy« bezeichnete Junge überhaupt aus Frankreich stammt, ist ebenfalls ungewiss.

Oddjob, Darth Vader und Tarzan mischen mit

Golf ist zwar wohl immer noch nicht der Nationalsport in Korea, dafür sind Hawaiianer mit japanischen Wurzeln recht gut im Gewichtheben. Zumindest wenn sie Harold Sakata heißen und es sie von einer Ananasfarm ihrer Heimat zu den Olympischen Spielen 1948 nach London verschlägt. Hier gewinnt der 1,73-Meter-Kraftprotz Silber im Halbschwergewicht, womit er später das Interesse der Wrestling- und Filmindustrie weckt. Unvergessen ist sein Auftritt als stoischer Handlanger Oddjob, der mit unbändiger Kraft und messerscharfem Hut James Bond im Klassiker *Goldfinger* zu Leibe rückt.

Etwas weniger offensichtlich als der Auftritt des damaligen 129-Kilo-Manns sind die Filmausflüge des Bob Anderson. Er agiert in Hollywood meistens als Choreograf für Schwertkämpfe und gilt dabei mit Referenzen wie *Star Wars*, *Der Herr der Ringe* oder *Highlander* als der beste seines Fachs. Auch vor der Kamera schwingt Anderson die Klinge, etwa bei den Lichtschwert-Kämpfen des berühmten Darth Vader in *Star Wars*, denn der eigentliche Darsteller des finsteren Schurken, David Prowse, hatte keinerlei Talent für den Umgang mit dem Schwert. Empfohlen hat sich Anderson für diese illustre Karriere zum Teil mit einem fünften Platz im Fechten bei den Olympischen Spielen 1952 in Helsinki. Ob er dabei den Gegnern gesagt hat, er sei ihr Vater, ist nicht belegt.

Der wohl erfolgreichste Olympionike, der es später auf die Leinwand schafft, ist Schwimmer Johnny Weissmüller. Der fünffache Goldmedaillengewinner und erste Mensch, der die 100 Meter jemals unter einer Minute schwimmt, glänzt zwischen 1932 und 1948 zwölfmal als Dschungelheld Tarzan.

Ein Event, zwei Länder

Wenn ein Land sich um die Olympischen Spiele be-
wirbt, ist dies traditionell mit einem unermesslichen
Aufwand verbunden, der Jahre an Vorbereitung bedarf. Einmal in der Geschichte kommt ein Land aber
auch ganz spontan und aus rein geografischem wie
sportlichem Zufall zu einem olympischen Event. Im
Jahr 1920 in Antwerpen gibt es beim 12-Fuß-Dinghy-
Segelrennen in Ostende technische Probleme, das
Rennen muss annulliert werden, bei den belgischen
Offiziellen herrscht aber Zeitdruck. Also bitten sie
ihre niederländischen Nachbarn, die Wiederholungsrennen in Amsterdam abzuhalten. Die beteiligten
Crews kommen ohnehin beide aus den Niederlanden,
da bietet sich das natürlich an. Gold holt schließlich
die Segelfamilie Hin, bestehend aus Papa Cornelis
sowie seinen Söhnen Johan und Fran. Von Heimvorteil ist natürlich keine Rede.

Podium in der Warteschleife

Drei Sieger, drei unterschiedlich hohe Stufen – ein
klassisches Olympiabild für die Medaillengewinner
und in sich so einfach wie schlüssig. Die Offiziellen
der Spiele brauchen allerdings ein wenig, bis sie darauf kommen. Erst 1932 bei den Spielen in Los An-

geles wird das heute klassische Siegertreppchen zum ersten Mal verwendet.

Die falsche Flamme

Im Jahr 1956 wartet der Bürgermeister von Sydney, Pat Hills, auf einem Podium stolz darauf, dass er für einen Moment die olympische Flamme übernehmen darf, bevor er sie nach einer feierlichen Rede weiter auf ihren Weg zu den Spielen nach Melbourne schickt. Er bekommt auch eine olympische Fackel, nur ist es leider die falsche!

Student Barry Larkin, nicht verwandt mit dem Mitglied der *Hall of Fame* des US-Baseballs, hat sich mithilfe von acht Kommilitonen vor der Ankunft der eigentlichen Flamme auf die Strecke gemogelt. In der Hand hält er eine selbst gebastelte Fackel, an deren Spitze kerosingetränkte Unterhosen brennen. Passanten und Polizei lachen anfangs noch über den Scherz, der unter anderem als Protest gegen den einst von den Nazis initiierten Fackellauf geplant ist, nur spricht sich das nicht bis um die nächste Straßenecke herum. Und so geht es mit Blaulicht und unter großem Jubel zu Mister Hills. Dieser und die anwesenden Zuschauer finden es allerdings nicht so witzig, dass sie aufs Korn genommen werden, sammeln sich dann aber doch noch einmal für das Eintreffen der echten Flamme.

Wie von Zauberhand

Borys Onyschtschenko ist ein angesehener moderner Fünfkämpfer; als er 1976 zu den Spielen in Montreal anreist, hat er bereits drei Olympiamedaillen gewonnen. Im Teamwettbewerb fechtet Onyschtschenko gegen die Briten Adrian Parker und Jeremy Fox, wobei er gleich zahlreiche Treffer landet. Aber tut er das wirklich? Die britischen Athleten beschweren sich, teilweise ist die sowjetische Waffenspitze 20 Zentimeter von ihren Körpern entfernt. Der Degen Onyschtschenkos wird untersucht, und die Kampfrichter finden eine kleine, verdrahtete Maschine, die auf Knopfdruck Signale an das Trefferkennsystem der Halle sendet. Onyschtschenko wird sofort disqualifiziert und bekommt anschließend sogar den Zorn der eigenen Landsleute zu spüren. Weil er Schande über die Nation gebracht hat, will ihn das sowjetische Volleyballteam aus dem Fenster des Teamhotels werfen; zurück in der Heimat hagelt es neben einer Geldstrafe auch eine persönliche Standpauke von Staatsoberhaupt Leonid Breschnew.

Wie? Der Gewinner kommt aus Luxemburg?

Läufer Josy Barthel siegt 1952 in Helsinki sensationell über die 1500 Meter, bis heute ist er damit der einzige Goldmedaillengewinner seiner Heimat Luxemburg. Sein Erfolg ist für die damaligen Organisatoren so verwunderlich, dass sie zunächst einmal panisch eine luxemburgische Flagge suchen müssen. Mit einer Nationalhymne wird es allerdings nichts, die lokale Kapelle hat diese im Vorfeld nicht eingeübt. Was den Erfolg natürlich in keiner Weise schmälert.

Freiluft-Basketball

Die Sportart Basketball wird bereits 1891 von Dr. James Naismith in Massachusetts erfunden, damals sogar explizit, um den Studenten eine winterliche Alternative zu den Freiluftsportarten des Sommers zu liefern. Dieses Detail spricht sich allerdings nicht bis zu den deutschen Olympia-Veranstaltern im Jahr 1936 herum.

Denn in Berlin finden die ersten offiziellen Basketballwettkämpfe der Olympischen Spiele unter freiem Himmel statt. Das Dribbling auf dem sandig-lehmigen Untergrund eines umgewandelten Tennisplatzes ist fast unmöglich, erst recht, wenn es zu regnen anfängt. So geschehen im Finale, das die Amerikaner mit 19:8 gegen Kanada gewinnen. Der amerikanische Kapitän Bill Wheatley erinnert sich: »Wir spielten vor 500 Regenschirmen, wo, glaube ich, auch Menschen drunter saßen.«

Ein Beatle für ein Pfund

Wer die Olympischen Spiele organisiert, der bekommt auch schon mal Weltstars zum Nulltarif. Fast zumindest, denn Ex-Beatle Paul McCartney spielt 2012 bei der Eröffnungszeremonie in London wie auch alle anderen Stars für die »riesige« Summe von einem britischen Pfund. Diese wird laut den Veranstaltern nur ausgezahlt, um die Verträge mit den Künstlern verbindlich zu machen. Ein guter Deal, der die Organisatoren jedoch etwas leichtgläubig macht, denn sie fragen auch beim Management von The Who an, ob der legendäre Drummer Keith Moon bei Olympia performen möchte. Einziges Problem? Moon ist zu diesem Zeitpunkt bereits 34 Jahre tot.

Gratefully Alive

Basketball hat in Litauen eine lange Tradition. Dementsprechend groß ist der Schock, als das kleine baltische Land nach dem Zerfall der Sowjetunion nicht genug finanzielle Mittel auftreiben kann, um sein Nationalteam 1992 zu den Olympischen Spielen in Barcelona zu schicken. Aber Hilfe naht von keinem Geringeren als den Grateful Dead.

Die legendäre Rockband erfährt durch einen Artikel im *San Francisco Chronicle* vom Dilemma der litauischen Mannschaft, für die auch der damalige Golden State Warrior Šarūnas Marčiulionis aufläuft. Freiheit und Basketball erweichen das Herz der Rockmusiker, sie schicken prompt einen Scheck und angemessene Teamkleidung. In dieser feiern die litauischen »Deadheads« schließlich die Bronzemedaille und stehen standesgemäß mit Batik-Montur in ihren Nationalfarben auf dem Podium, die außerdem ein Skelett beim Slam Dunk auf den T-Shirts zeigt.

Kostspielige PR-Aktion

Die Fastfood-Kette McDonald's verspricht vor den 1984er-Spielen in Los Angeles freie Burger, Pommes und Cokes für Gäste in Besitz eines frei ausgehändigten Scratch-Off-Tickets, wann immer ein US-Athlet auf dem Podium steht. Das passiert aufgrund des Boykotts der damals sportlich ebenfalls dominanten Sowjetunion allerdings so oft, dass einige Lokale vor Ort an manchen Tagen keine Burger mehr zum Braten haben.

Pull!

Von 1900 bis 1920 ist Tauziehen tatsächlich eine olympische Disziplin. Statt Nationen nehmen sogenannte Clubs teil, womit auch mehrere Mannschaften aus einem Land oder auch gemischte Teams Medaillen gewinnen können. Am erfolgreichsten ziehen in der olympischen Geschichte des Tauziehens die Briten mit fünf Medaillen, knapp gefolgt von den USA mit drei Auszeichnungen.

Tierische Vorfahrt

Ein olympisches Ruderrennen kann so manche Tücke parat halten, das weiß nicht zuletzt der Australier Henry Robert Pearce. Bei seinem Viertelfinale 1928 in Amsterdam muss er abrupt abbremsen, weil eine vornehm aufgereihte Entenfamilie seinen Weg kreuzt. Pearce legt sich erst wieder in die Riemen, nachdem seine schnatternden Weggefährten außer Gefahr sind. Die Belohnung erhält er wenig später in Form der Goldmedaille im Einzel. Ein Erfolg, den er vier Jahre später in Los Angeles wiederholt. Sicherlich sehr zur Freude seiner gefiederten Freunde von einst!

Inspiration pur

Im Jahr 1952 gewinnt Dana Zátopková kurz nach dem 5000-Meter-Gold ihres Mannes Emil Zátopek Gold im Speerwurf. Dieser scherzt, sie hätte es bloß aufgrund seines inspirierenden Erfolges geschafft. Danas Antwort: »Wirklich? Na dann kann er ja ein anderes Mädchen inspirieren und mal gucken, ob sie den Speer auch über 50 Meter wirft.«

Eiskalter Gegner

Der legendäre russische Ringer Alexander Karelin wird während seiner Hochzeit Mitte der 1990er-Jahre einmal gefragt, wer sein härtester Gegner sei. »Mein Kühlschrank«, entgegnet der »Bär«, der sechs Jahre lang nicht einen einzigen Punkt auf der Matte abgibt und dreimal Olympiagold einheimst. Ein Teil seines Trainings besteht darin, einen Kühlschrank die Treppen seines neunstöckigen Hauses rauf und runter zu tragen.

Die NRA hätte hier keinen Spaß

Japan hat traditionell mit die strengsten Schusswaffengesetze der gesamten Welt, was im Vorfeld der Olympischen Spiele 2020 so manches Problem mit sich bringt. So liegt die Zahl der erlaubten Kugeln mit 800 weit unter dem Trainingsbedarf der Athleten, und nicht einmal die eigenen Trainer dürfen per Gesetz die Waffe eines Sportlers auch nur anfassen. Letztlich rauft man sich aber mit der Justiz zusammen, generiert Hilfsmittel vor Ort und schafft etliche Sonderregelungen für die Dauer der Spiele. Ein Coach darf aber trotzdem nur bei »kleinen Reparaturen« helfen und ausschließlich dann, wenn der Athlet die Waffe selbst in der Hand behält.

Besondere Belohnung

Simbabwe, das einst als Rhodesien bei Olympia antrat, muss nach seiner ersten Teilnahme 1928 52 Jahre auf seine erste Medaille warten, bis 1980 das weibliche Feldhockeyteam in Moskau sensationell Gold holt. Kein Wunder, dass man da direkt ein wenig spendabler ist. So bekommt jedes Mannschaftsmitglied nach seiner Rückkehr in die Heimat einen Ochsen geschenkt. Die sieben weiteren Medaillen in Simbabwes Olympiageschichte gewinnt übrigens allesamt Schwimmerin Kirsty Coventry.

Titanische Leistung

Im Jahr 1912 befindet sich Richard »Dick« Williams an Bord der berühmten *Titanic*, die nach dem Zusammenprall mit einem Eisberg im Meer versinkt. Sechs Stunden überlebt Williams im eiskalten Wasser und an ein Rettungsboot gekrallt. Die Ärzte wollen hinterher seine von Erfrierungen malträtierten Beine amputieren, was der Amerikaner aber strikt ablehnt. Eine gute Entscheidung, denn er wird in der Folge zu einem gefeierten Tennisstar. 1924 kann ihn im Mixed bei den Olympischen Spielen auch ein verknackster Knöchel nicht aufhalten. Er bleibt vorn am Netz, während seine Partnerin Hazel Wightman hinten alles auf dem Weg zu Gold abräumt.

Feucht-fröhlicher Siegestaumel

Die deutsche Handball-Delegation, die 2016 im TV-Studio von Rio de Janeiro Rede und Antwort zu ihrer gewonnenen Bronzemedaille stehen soll, ist bestens gelaunt. Die Spieler kichern und feixen, einige haben merkliche Schwierigkeiten bei der Wortfindung, und mit Finn Lemke trägt einer von ihnen obendrein ein Kettenschloss um den Hals.

Warum auch nicht, das Spiel gegen Polen ist schon einige Stunden her, und da gab es reichlich Zeit für die Getränkeaufnahme. Über die ernsten Absichten des Teams vor dem Turnier gibt es aber natürlich nie einen Zweifel. So sagt Rechtsaußen Tobias Reichmann nur halb unfallfrei auf die Frage, ob sie sich nach der Medaille kneifen müssen: »Ja, schon, aber wir sind hier mit Ambi... Ambi... Ambinationen hingekommen.« Uwe Gensheimer hat damals auch noch einen Vorschlag für die Fortsetzung der Feier. »Vielleicht gibt es noch was auf den Grill, und etwas zu essen wäre auch nicht schlecht«, grinst der Kapitän.

Walk Like an Ecuadorian

Jefferson Pérez hat zu Beginn seiner Karriere als Langstrecken-Geher relativ bescheidene Ziele. Denn eigentlich will der damalige Achtklässler der Francisco-Febres-Cordero-Mittelschule nur eine gute Note bei einer Prüfung im Sportunterricht abstauben. Um sich auf den Langstreckenmarsch vorzubereiten, bittet Jefferson seinen Bruder Fabian, ihm für eine Woche seinen Platz in einer Leichtathletik-Trainingsgruppe zu überlassen. Es gibt daraufhin nicht nur eine gute Note, auch Trainer Luis Muñoz gefällt, was er sieht. Er motiviert Jefferson zu einigen Rennen und legt damit die Basis für Ecuadors erste Goldmedaille bei den Olympischen Spielen.

Denn Pérez entwickelt sich in der Folge zu einem Weltklasse-Geher, auch wenn ihm die etwas komisch anmutenden Bewegungen der Sportart zunächst peinlich sind. Damit ist spätestens 1996

Schluss, als er sensationell Gold über 20 Kilometer bei den Spielen in Atlanta holt. Feiern tut er seinen Sieg standesgemäß, indem er die 459 Kilometer von der Basilika San Francisco in der ecuadorianischen Hauptstadt Quito bis in seine Heimatstadt Cuenca zu Fuß zurücklegt. Seinen Weg säumen dabei unzählige jubelnde Landsleute, die sich gewiss darüber freuen, dass Pérez einst ein so gewissenhafter Schüler war.

Ein ungebetener Zuschauer

Aufgrund der Covid-19-Pandemie müssen die Olympischen Spiele 2020 in Tokio nicht nur um ein Jahr verschoben werden, die Events finden in der japanischen Hauptstadt schließlich unter Ausschluss der Öffentlichkeit statt. Größtenteils hält sich das Publikum auch daran, wobei die Nachricht von den Beschränkungen einen aufgeregten Fan wohl nicht erreicht hat: einen asiatischen Schwarzbären!

Dieser spaziert nur wenige Stunden vor dem Softballspiel zwischen Gastgeber Japan und Australien durch den Azuma Sports Park und lässt sich weder durch laute Musik noch durch explodierende Feuerwerkskörper verscheuchen. Am Ende sucht »Meister Petz« dann aber doch das Weite und das Spiel kann wie angesetzt stattfinden.

Die »bärenstarke« Episode ist nicht das erste Mal, dass die Natur den japanischen Organisatoren einen Strich durch die Rechnung macht. Diese wundern sich eines Tages, warum die schwimmenden Barrieren im Sea Forest Waterway, die eigentlich Wellen von der angesetzten Kanustrecke fernhalten sollen, auf einmal sinken. Der Grund liegt in 14 Tonnen Magaki-Austern, einer Delikatesse in Japan, die es sich auf den Absperrungen bequem gemacht haben. Die Beseitigung der Tiere kostet den Ausrichter 1,28 Millionen US-Dollar.

Synchron mit sich selbst

Synchronwettbewerbe wie beim Turmspringen gibt es bei Olympia einige, daran ist zunächst einmal nichts Ungewöhnliches. 1984 findet bei den Olympischen Spielen von Los Angeles auch erstmals ein Einzelwettbewerb im Synchronschwimmen statt, bei den nächsten beiden Austragungen der Spiele steht diese Disziplin ebenfalls auf dem Programm. Wirklichen Anklang findet er bei den Zuschauern nicht, auch den Organisatoren dämmert es irgendwann: Wenn eine Person allein im Becken antritt, zu wem agiert sie dann synchron? Im Jahr 2000 kommt dann die Einsicht, und neben dem Mannschaftswettbewerb können die Athleten im Duett antreten. Synchron, versteht sich.

Zwei Sterne für Adhemar da Silva

In der Fußball-Bundesliga symbolisieren die Sterne über dem Vereinswappen auf einem Trikot, wie viele Meisterschaften das jeweilige Team in seiner Geschichte gewonnen hat. So zeigen beispielsweise die fünf goldenen Sterne des FC Bayern München, dass der Rekordmeister mehr als 30-mal die Meisterschale an die Isar holen konnte. Auch die Trikots des FC São Paulo aus Brasilien zieren fünf Sterne, drei rote und zwei goldene. Die roten stehen für die drei internationalen Meisterschaften des Vereins, aber die zwei goldenen haben ihren Ursprung bei den Olympischen Spielen.

Denn obwohl Adhemar da Silva ein talentierter Fußballer im Dienst des FC São Paulo und später bei Vasco da Gama ist, sind es doch seine Leistungen in der Leichtathletik, die nachträglich für Furore sorgen. So gewinnt der »Held von Helsinki« 1952 in Finnland und auch vier Jahre später in Melbourne das olympische Dreispringen und zementiert damit seinen Status als einer von Brasiliens talentiertesten Athleten. Zu Ehren seiner zwei Siege implementiert sein früherer Verein sogar extra die zwei Sterne auf seinem Trikotwappen.

Mit Kaffee zu Olympia

Anfang der 1930er-Jahre ist Brasilien der mit Abstand größte Kaffeeproduzent der Welt, an die 80 Prozent sollen damals aus dem südamerikanischen Land kommen. Das schützt die Branche und den Rest der Brasilianer aber nicht vor der Weltwirtschaftskrise. 1932 gibt es sogar immense Probleme, die Reise der eigenen Olympiamannschaft zu den Spielen nach Los Angeles zu finanzieren. Da überlegen sich ein paar findige Entscheidungsträger, dass man hier doch direkt zwei Fliegen mit einer Klappe schlagen könnte. Somit besteigen Brasiliens olympische Athleten das Handelsschiff *S.S. Itaquicê*, das schätzungsweise mit über 50 000 Kaffeetüten beladen ist. Der Plan des Nationalen Kaffeerats sieht vor, dass die Olympioniken in jedem Hafen, den sie auf ihrem Weg anfahren, nicht bloß trainieren, sondern auch Kaffee verkaufen sollen. Besonders gut gehen die Geschäfte unterwegs allerdings nicht, und eine Revolution in der Heimat wirkt sich ebenso alles andere als förderlich auf das ohnehin enge Budget aus. So können anfangs nur 24 brasilianische Athleten überhaupt die Zollgebühr im Hafen von L.A. bezahlen und an Land gehen, weitere folgen erst in den Tagen darauf und manche schaffen es gar nicht von Bord. Eine Medaille gewinnt das brasilianische Team bei den Spielen

1932 nicht, aber immerhin werden sie 22 000 Kaffeetüten im Hafen los.

Ein vermeintlich berechtigtes Selbstbewusstsein

Mildred »Babe« Didrikson, später nach ihrer Hei-
rat oft Babe Zaharias genannt, hat zu Beginn der
1930er-Jahre eine ganze Reihe von Talenten. Nach
eigenen Angaben ist sie eine der besten Näherinnen
der USA, und obendrein brilliert sie in jeder Sportart, die sie ausprobiert, ganz egal ob Baseball oder
Reiten, Bowling oder Eisschnelllauf. Es ist aber zunächst die Leichtathletik, in der sie sich große Meri-
ten bei den Olympischen Spielen 1932 in Los Angeles
verdient. Sie siegt über 80 Meter Hürden trotz einer
Verletzung im Speerwurf, im Hochsprung bekommt
sie nach einer Juryentscheidung, auch wenn sie die
gleiche Höhe wie die Siegerin Jean Shiley springt, die
Silbermedaille zuerkannt. Derartige Erfolge festigen
nur noch das schier überbordende Selbstbewusst-
sein der Superathletin, die regelmäßig ihre Konkur-
rentinnen mit den Worten begrüßt: »Hallo, ich bin
diejenige, die dich heute schlagen wird.«

Später verliert Didriksen das Interesse an der
Leichtathletik und wendet sich dem Golfsport zu.
Hier gewinnt sie alle nur erdenklichen großen Tur-

niere und zieht schließlich in die *Hall Of Fame* des Sports mit der kleinen weißen Kugel ein.

Die »menschliche Kanonenkugel«

Alberto Braglia gewinnt 1908 bei den Olympischen Spielen in London den Einzelmehrkampf im Turnen. Nur begibt sich dieser Triumph noch zu einer Zeit, in der das Amateurstatut bei Olympia rigoros eingehalten wird und erfolgreiche Athleten meist keinerlei finanzielle Vorteile durch ihre sportlichen Bestleistungen erringen können. Und somit gerät Braglia nach den Spielen prompt in monetäre Schwierigkeiten, aus denen er nur einen Ausweg sieht: Er heuert beim Zirkus an und verdingt sich fortan als »menschliche Kanonenkugel«, die die Zuschauer mit allerlei spektakulären und waghalsigen Stunts begeistert. Das verdiente Geld sieht der eigene Turnverband aber überhaupt nicht gern und untersagt Braglia die Teilnahme an jeglichen zukünftigen olympischen Turnieren. Zu seinem Glück begehren einige Fürsprecher für ihn auf und seine Suspendierung wird aufgehoben. Damit ist für ihn der Weg zu zwei weiteren Goldmedaillen 1912 in Stockholm frei, die er erneut im Einzelmehrkampf als auch mit der italienischen Mannschaft gewinnt.

EMOTIONALES

Derek Redmond wird zum Sieger der Herzen

Ein Muskel reißt, plötzlich fährt Derek Redmond ein stechender Schmerz in den hinteren Oberschenkel und er geht mit Schrecken zu Boden. Auf der für ihn nun einsamen Tartanbahn während der Olympischen Spiele 1992 in Barcelona laufen mit seinen Kontrahenten auch die Träume von der Goldmedaille über 400 Meter davon. Aber das Rennen jenes Halbfinals will der Brite dennoch beenden, aller Pein zum Trotz, und schleppt sich mit Tränen in den Augen die Strecke entlang. Da stürmt ein Mann aus dem Publikum auf den Sprinter zu, ignoriert die Security und legt seinen Arm um den aufgelösten 26-Jährigen. »Du musst das nicht tun«, sagt Jim Redmond zu seinem Sohn, »du musst dich hier nicht durchquälen.« Derek schluchzt, dass es sehr wohl so sein muss. »Dann werden wir das Rennen zusammen beenden«, erwidert der Papa, hakt seinen weinenden Sohn unter und hilft ihm, der Ziellinie entgegen zu humpeln. Meter für Meter, die alle zur Ewigkeit werden. Auch wenn Redmond aufgrund »externer Hilfe« später disqualifiziert und sein Rennen in den Rekordbüchern als »nicht beendet« geführt wird, ist ihm der tosende Jubel der 65 000 Zuschauer sowie einer der besonders bewegenden Olympia-Momente der Geschichte sicher. So sicher wie die Liebe seines Vaters, der in Erinnerung an seine elterliche Heldentat 20 Jahre später das olympische Feuer auf dem Weg nach London tragen darf.

Zwei Fäuste in der mexikanischen Nacht

Stolz stehen Tommie Smith und John Carlos auf dem Siegerpodest, zwei junge Männer Anfang 20, die gerade Gold und Bronze über 200 Meter bei den Olympischen Spielen 1968 in Mexiko gewonnen haben. Als »The Star-Spangled Banner« aus den Lautsprechern ertönt, heben sie jeweils eine in einen schwarzen Handschuh gehüllte Faust. Und es entsteht ein Jahrhundertfoto.

Als kontroverses Symbol für die Black-Power-Bewegung soll die Geste vor dem Hintergrund des amerikanischen Civil-Rights-Movement ein Zeichen gegen die Diskriminierung der schwarzen Bevölkerung im *Land of the Free* setzen. Die Sportler tragen die Handschuhe an unterschiedlichen Händen, denn Carlos hatte seine eigenen vergessen, sodass sie sich ein Paar teilen mussten. Smith und Carlos stehen außerdem lediglich in schwarzen Socken auf dem Podest, um auf die wirtschaftlichen Missstände der Afroamerikaner aufmerksam zu machen. Ihre Geste hat weitreichende Konsequenzen, denn das Olympische Komitee verbietet jede Nutzung der Spiele für politische Botschaften, außerdem zürnt weltweit das herausgeforderte Establishment. Smith und Carlos werden von den Spielen ausgeschlossen, sie sehen sich, ebenso wie der australische Silbermedaillengewinner Peter Norman, fortan Benachteiligungen und Anfeindungen ausgesetzt. Norman trägt bei der Siegerehrung wie auch die beiden US-Amerikaner die Stecknadel einer US-Bürgerrechtsbewegung, in einem Vorabgespräch hat er sich mit seinen beiden Rivalen solidarisiert. Es schafft einen Bund fürs Leben. Als Norman 2006 verstirbt, tragen unter anderem Tommie Smith und John Carlos seinen Sarg zu Grabe.

Die tragische Legende des Wyndham Halswelle

Wyndham Halswelle überlebt die Burenkriege als dekorierter Veteran und macht künftig als Läufer von sich reden. Bei den Olympischen Spielen in London 1908 sieht er sich allerdings im Finale drei US-

Amerikanern gegenüber, die den kernigen Schotten mit harten Bandagen angehen. Er bekommt einen Ellbogenstoß ab, wird zur Seite geschoben, und schließlich kreuzt John Carpenter unerlaubterweise seinen Weg, was damals aufgrund einer nicht vorhandenen Bahneinteilung möglich ist. Offizielle, die all dies beobachten, reißen schnell das Zielband fort und disqualifizieren anschließend den US-Sieger. Es folgt ein Wiederholungsrennen ohne den Gewinner Carpenter, dessen Teamkollegen William Robbins und John Taylor bleiben diesem aber aus Protest fern. Halswelle läuft allein zum Sieg und wird zum einzigen Athleten in der Geschichte Großbritanniens, der die komplette Medaillenreihe in einem Einzelwettbewerb gewinnen kann. Sieben Jahre später findet er allerdings in den Schützengräben des Ersten Weltkrieges bei Neuve-Chapelle den Tod; auf seinem Grabstein finden seine großen sportlichen Erfolge keine Erwähnung.

Le dunk de la mort

»An diesem Tag lernte ich, dass Menschen fliegen können«, sagt Frédéric Weis über den 25. September 2000, jenen Tag, an dem er Opfer des *dunk de la mort* wird, des »Todes-Dunk«. US-Basketballer Vince Carter fängt in einem Vorrundenspiel gegen Frankreich einen Ball im Halbfeld ab, hebt ab, springt mit gespreizten Beinen über den 2,18 Meter großen Weis und stopft das Spielgerät voller Wucht in den Korb. Es wird ein Highlight für die Ewigkeit, für Weis hingegen zum Symbol für eine gescheiterte NBA-Laufbahn. Hinter dem sich duckenden Riesen steckt aber mehr als bloß ein unglücklicher Statist, hier steht ein Mensch, dessen Leben ein paar Jahre später fast komplett aus den Fugen gerät. Frédérics Sohn Enzo kommt mit Autismus zur Welt, schmerzvoll registriert der Papa das schwere Schicksal und ertränkt die Trauer Nacht für Nacht im Alkohol. Seine Ehe mit seiner Frau Celia geht in die Brüche, Depressionen treiben ihn bis in einen Selbstmordversuch. Doch trotz einer ganzen Schachtel Schlaftabletten wacht Frédéric wieder auf, schwer mitgenommen, dafür glücklich und mit neuem Mut. Celia und er versöhnen sich, die Familie ist wieder eins und hegt so manchen Traum. »Ich wollte schon immer ein Haus am Strand haben, aber jetzt wäre es nicht mehr für mich«, gesteht Weis. »Die Wellen machen Enzo glücklich. Er liebt es, wenn sie seine Füße kitzeln.«

Jim und Avery

Jim Thorpe ist 1912 der erste amerikanische Ureinwohner, der es mit seinen Erfolgen im Fünf- und

Zehnkampf in Stockholm bei den Olympischen Spielen vermag, Goldmedaillen zu gewinnen. Dieses Kapitel im Buch des Superathleten – er spielt später außerdem professionell Baseball, American Football und sogar Basketball – sorgt jedoch für eine große Kontroverse. Vor den Spielen hat er bereits semiprofessionell Baseball gespielt – in Form eines studentischen Sommerjobs. Auch wenn ihm das lediglich um die 2 Dollar pro Spiel einbringt, ist es eine Verletzung des olympischen Amateurstatuts. »Als indianischer Schuljunge hatte ich keine Ahnung von diesen Dingen, ich habe einfach gemacht, was alle gemacht haben«, versucht Thorpe die American Athletic Union (AAU, eine US-amerikanische Organisation für den Amateursport) zu erweichen, bleibt aber erfolglos und verliert seine Titel. Später rufen viele danach, ihm die Medaillen wiederzugeben, aber allen voran IOC-Präsident Avery Brundage spricht sich dagegen aus. Das delikate Detail dabei: Brundage tritt 1912 ebenfalls in den beiden Disziplinen an, in denen Thorpe siegt, landet aber weit abgeschlagen auf den hinteren Plätzen. Für ihn ist die Geschichte einer von mehreren Skandalen während seiner Zeit als Sportfunktionär, so relativiert er in den 1930er-Jahren das Naziregime und lässt 1972 die Spiele in München trotz des palästinensischen Terrorattentats auf israelische Sportler weiterlaufen. Jim Thorpe bekommt seine Medaillen schließlich doch noch zurück, allerdings erst 30 Jahre nach seinem Tod.

Spiele hinter Stacheldraht

Es heißt, selbst die tiefste Dunkelheit kann das Licht der kleinsten Flamme nicht erlöschen lassen, und so ist es auch im Zweiten Weltkrieg an einigen Orten. 1940 veranstalten die Insassen des Kriegsgefangenenlagers Stalag XIII A nahe Nürnberg heimlich ihre eigenen »Olympischen Spiele«, komplett mit selbst gebastelter Flagge und einem Schwur »im Namen aller Sportler, deren Stadien von Stacheldraht umgeben sind«.

Vier Jahre später dürfen die Gefangenen im Stalag II C in Woldenberg, heute das polnische Dobiegniew, sogar offiziell sportliche Wettbewerbe als Ersatz für die 1944 ausfallenden Olympischen Spiele veranstalten. Sie verkaufen Tickets, drucken ein eigenes Programm und setzen im Postamt des Lagers überdies eine spezielle Briefmarke für die Spiele auf. »Die Begeisterung war unbeschreiblich«, erinnert sich der Gefangene Arkady Verjizinsky später an die 21 Tage der besonderen Spiele, zu deren Beginn Gefangene und Wärter gemeinsam vor einer handgemachten olympischen Flagge salutieren. Die Realität schlägt jedoch zeitweise zurück, zum Beispiel werden die Boxwettkämpfe früh abgebrochen, weil die zumeist ausgemergelten Gefangenen die körperlichen Treffer nicht ertragen können. Mit dem Anrücken der Roten Armee müssen die Nazis das Lager schließlich aufgeben und zwingen die Insassen zu einem furchtbaren Wintermarsch gen Westen, bei dem viele von ihnen den Tod finden. Artefakte wie die damaligen Olympia-Flaggen kann man heute im polnischen Sport- und Tourismusmuseum in Warschau betrachten.

Auf einem Bein zu Olympiagold

Als der japanische Turner Shun Fujimoto bei den Olympischen Spielen 1976 in Montreal bei seiner Bodenübung nach einem Salto wieder festen Grund unter den Füßen hat, spürt er einen furchtbaren Schmerz in seinem rechten Knie. Kurz darauf die schockierende Diagnose: Fujimoto hat sich seine Kniescheibe gebrochen. Getrieben von dem für die japanischen Turner essenziellen Traditionsbewusstsein, seinem Ehrgefühl und dem Traum von Gold, denkt Fujimoto an alles, nur nicht daran, sein Team im Stich zu lassen.

Wenig später turnt er eine 9,5-Wertung am Pferd und schwingt sich danach zu seiner Ring-Routine auf, die mit einer 9,7 zur besten seines Lebens werden soll. Beim abschließenden Abgang aus 2,60 Meter Höhe gibt sein Knie für einen winzigen Moment nach, dann aber schwenkt er sein Gewicht auf den linken Fuß und badet im Jubel der Zuschauer. »Der Schmerz in diesem Moment war unbeschreiblich«, fasst Fujimoto später zusammen. »Ich habe aber nicht daran gedacht, dass ich scheitern könnte, eigentlich habe an fast gar nichts gedacht.« Bei der Landung kugelt sich Fujimoto das Knie endgültig aus und reißt sich mehrere Bänder, woraufhin er schließlich verletzt aufgeben muss. Seine Heldentat inspiriert die Teamkameraden aber dermaßen, dass sie sich mit knappem Vorsprung vor der Sowjetunion zur Goldmedaille turnen.

»Eric the Eel« schwimmt in die Herzen der Welt

Erst zwei Jahre vor den Olympischen Spielen 2000 in Sydney lernt Éric Moussambani in einem Hotelpool sowie in den Flüssen seiner Heimat Äquatorialguinea Schwimmen, lokale Fischer geben ihm Tipps für die richtige Beintechnik. Ein olympisches 50-Meter-Becken gibt es damals in dem Land nicht, dennoch schafft er es dank eines Förderprogramms nach Australien, wo er in langen Bermudashorts zu seinem Vorlauf über 100 Meter Freistil im Aquatic Centre in Homebush Bay erscheint. Ein südafrikanischer Coach schenkt ihm freundlicherweise Speedos sowie eine Schwimmbrille, und somit ist der Weg frei für einen der großen inspirierenden Momente der Olympiageschichte.

Nach Fehlstarts seiner beiden Kontrahenten steht Éric Moussambani ganz allein auf dem Startblock und springt mit dem Startschuss mutig ins Wasser. Sind seine ersten Züge noch kraftvoll, muss er sich bald merklich durch das Becken kämpfen, sein eigenwilliger Stil erinnert eher an Freibad als an Olympia. Er schlägt unter tosendem Applaus nach 1:52,72 Minuten an und berichtet, dass er zuvor noch nie ein 50-Meter-Becken gesehen habe. Zum Vergleich: Der Niederländer und spätere Goldmedaillengewinner Pieter van den Hoogenband stellt am selben Tag mit 47,84 Sekunden einen Weltrekord auf. Dem nähert sich in den Folgejahren auch »Eric the Eel« ganz langsam. Vor den Spielen 2004 senkt er seine Bestzeit auf 57 Sekunden, kann aber wegen Visaproblemen in Athen nicht teilnehmen. Dafür gibt es nun zwei olympische Becken in seiner Heimat, in der er mittlerweile als Nationaltrainer fungiert.

Die Liebe seines Landes

Spätestens nachdem Teófilo Stevenson 1980 in Moskau seine dritte Goldmedaille im Schwergewicht gewonnen hat, reißen sich internationale Boxpromoter mit finanziell attraktiven Avancen um den kubanischen Superstar. Im Einklang mit Fidel Castros Profisportverbot und seiner Landesliebe unterstreicht Stevenson jedoch mit einem berühmten Spruch seine Treue zum Amateurdasein: »Was ist 1 Million gegen die Liebe von 8 Millionen Kubanern?«

Larry, der Lebensretter

Lawrence »Larry« Lemieux befindet sich als Zweitplatzierter ganz vorn im Finn-Rennen bei den Olympischen Spielen 1988 in Seoul, ihm scheinen die peitschenden Winde und gefährlichen Wellen vor der Küste Busans nichts anzuhaben. Plötzlich aber sieht er etwas inmitten des stürmischen Wassers: Ein Boot ist gekentert, die beiden Segler aus Singapur Joseph Chan und Siew Shaw kämpfen in den Fluten um ihr nacktes Überleben. Und Lemieux gibt Gas.

Der Kanadier setzt seine Segel in den Wind, verlässt die Rennstrecke und hilft den Verunglückten. Chan ist zu diesem Zeitpunkt inmitten der Gischt kaum zu erkennen und droht, auf das offene Meer hinauszutreiben, Lemieux aber kann ihn zu sich ins Boot holen und zurück zu seinem Partner bringen. Kurz darauf übergibt er die beiden Verletzten an ein Rettungsboot. »Das Erste, was du als Segler lernst, ist, dass du jemandem in Not hilfst«, erklärt Lemieux später. Schlussendlich belegt er im Rennen den 22. Platz und beendet seine Bootsklasse als Elfter, wird aber in der Folge mit der Pierre-de-Coubertin-Medaille für besonders faires Verhalten ausgezeichnet. Ein Verhalten, das wohl ein Leben gerettet hat.

Für die Frauen ihres Landes

Bis Juni 2012 verbietet das islamische Regime in Saudi-Arabien Frauen die Teilnahme an den Olympischen Spielen, woraufhin das IOC den nationalen Verband unter Druck setzt. Somit werden für die Spiele 2012 in London mit Judoka Wojdan Shaherkani und Läuferin Sarah Attar zwei Frauen ausgewählt, die für die absolute Monarchie an den Start gehen. Attar bestreitet ihren historischen 800-Meter-Wettkampf als erste und wird trotz Ganzkörperoutfit und Kopftuch zum gefeierten Star, auch wenn sie satte 150 Meter hinter ihren Kontrahentinnen ins Ziel kommt. Doch alle repressive Finsternis vermag den Auftritt der in den USA lebenden Sportlerin nicht zu überstrahlen. Fotos von ihrer Person in regulären Sportoutfits werden im Internet gelöscht, und nur eine Zeitung in Saudi-Arabien berichtet über ihren Lauf, was der Redaktion hinterher starke Kritik einbringt.

Nichtsdestotrotz – Attar lässt sich ihren Sports-geist dadurch nicht brechen. Sie tritt vier Jahre später auch in Rio de Janeiro bei den Spielen an, diesmal im Marathon.

Die Medaillen der Freundschaft

Am Ende des Jahres 1936 betreten zwei junge Männer das Geschäft eines japanischen Juweliers und legen ihm zwei Medaillen auf den Tisch, eine silberne und eine bronzene. Sie stammen von den gerade zu Ende gegangenen Olympischen Spielen und sollen doch bitte in der Mitte durchgeschnitten werden, berichten die Männer dem verdutzt dreinschauenden Juwelier.

Die beiden Männer heißen Shuhei Nishida und Sueo Oe, sie traten Wochen zuvor in Berlin im Stabhochspringen für ihr Land an. In einem engen Wettkampf schaffen sie beide 4,25 Meter, womit sie sich lediglich den 4,35 Metern des Amerikaners Earle Meadows geschlagen geben müssen. Als die Japaner weiter springen sollen, um zu entscheiden, wer Silber und wer Bronze bekommt, weigern sie sich. Als enge Freunde zollen sie somit der sportlichen Leistung des jeweils anderen ihren Respekt. Das japanische Team entscheidet dennoch, dass Nushida aufgrund weniger Fehlversuche auf den zweiten Platz rutscht. Aber damit ist noch nicht aller Tage Abend. Denn Nushida und Oe lassen ihre Medaillen in ihrer Heimat durchschneiden und wieder neu zusammensetzen, sodass sie halb Silber und halb Bronze repräsentieren. Passenderweise gehen diese einmaligen Auszeichnungen als »Medaillen der Freundschaft« in die Geschichte ein.

Die Geburt der Paralympics

Am 29. Juli 1948 eröffnen mit den Olympischen Spielen in London feierlich die ersten Spiele nach dem Zweiten Weltkrieg. Etwa 75 Kilometer vom Stadtzentrum der Megametropole findet parallel ein weiteres Sportfest statt, das den Startschuss für eine historische Institution begründen soll.

Der jüdische Arzt Dr. Ludwig Guttmann ruft die nach ihrem Austragungsort benannten Stoke Mandeville Games ins Leben, um seinen querschnittsgelähmten Patienten die sportliche Ertüchtigung zu ermöglichen. Der Krieg treibt zur damaligen Zeit zahllose Veteranen und zivile Opfer mit schweren Behinderungen in die Kliniken, die Behandlung steckt vielerorts jedoch in den Kinderschuhen. Mit seinem proaktiven Ansatz wird der revolutionäre Neurochirurg Guttmann zum Vater der heutigen Paralympics, denn schon zwölf Jahre später bekommen seine Spiele in Rom einen offiziellen olympischen Charakter: Aus 23 Nationen nehmen 400 Sportler an den Wettkämpfen teil, alle befinden sich im Rollstuhl. Diese wiegen damals noch 15 Kilogramm, heute sind die Sportvarianten nur noch knapp halb so schwer.

Der Stärkste ist nicht allein

Sein Trainer Frank Mantek hat es dem deutschen Gewichtheber Matthias Steiner einst prophezeit, als er sagte: »Eventuell gibt es nur zwei oder drei Versuche im Leben eines Athleten, vielleicht sogar nur einen einzigen, wo alles zählt und du es machen musst. Der unterscheidet dann die großen von den ganz großen Athleten.« In Steiners Fall ist es noch ein bisschen mehr.

Der gebürtige Österreicher tritt 2008 in Peking beim Zweikampf im Superschwergewicht an und lässt sich nach dem für ihn frustrierenden Reißen 258 Kilogramm für das Stoßen auflegen. Er weiß zu diesem Zeitpunkt bereits, dass er eine Medaille gewinnen wird, aber dies soll sein einer Versuch werden. Die Atmosphäre in der Halle bannt ihn, sein Fokus übersteigt jeglichen Druck. Er hebt die Hantel, dann streckt er sie, aus Sekunden werden Ewigkeiten. »Alle Körperteile geben nach, nur meine Arme nicht«, erinnert sich Steiner. »Und dann bin ich Olympiasieger.« Die ganze Anspannung fällt im überschwänglichen Jubel von ihm ab, das Gewicht der Vergangenheit aber wirkt nach. Ein Jahr zuvor ist seine Frau Susann bei einem Autounfall gestorben, fast hätte Matthias in der Folge das Gewichtheben aufgegeben. »Als ich zur Medaillenübergabe auf die Bühne gehe, wollte ich dort eigentlich nicht allein sein«, beschreibt Steiner seine Gefühle, als er ein Foto Susanns sowie die Goldmedaille in die Kameras hält. Wenig später soll er wieder eine neue Liebe finden, mittlerweile hat er mit der ehemaligen TV-Moderatorin Inge zwei Söhne. Und ist glücklich – wenn auch im zweiten Versuch.

Auf Wiedersehen, Heimat

Die Olympischen Spiele der Neuzeit sind nicht bloß ein Zusammentreffen der Völker und eine gigantische Sportveranstaltung, für so manchen stellen sie auch die Möglichkeit dar, ihrer eigenen Heimat zu entfliehen. Im London des Jahres 1948 ist die Tschechoslowakin Marie Provazníková mit ihrer Flucht nach Amerika die erste Person, die sich zumindest während der modernen Spiele absetzt. Die Trainerin der in England siegreichen Turnmannschaft lässt damit ihre Heimat hinter sich, die unter der kommunistischen Partei zu einem Satellitenstaat der Sowjetunion wurde. Das Beispiel macht Schule, in den Folgejahren setzen sich vor allem Athleten aus dem Ostblock im Schatten der Ringe ins Ausland ab. 1956 sollen sogar nur 38 von 83 ungarischen Athleten in ihre Heimat zurückgekehrt sein, nachdem die Rote Armee einen Aufstand gegen die sowjetische Herrschaft blutig niedergeschlagen hatte. 1972 in München sind es ganze 117 Athleten, die nicht mit ihren Mannschaften in ihre Heimatländer zurückfliegen. Auch heute noch gibt es derartige Fälle, vermehrt aber auch vor dem Hintergrund, dass sich Sportler im Ausland bessere wirtschaftliche Bedingungen erhoffen. Aus diesem Grund »verschwinden« zum Beispiel 2012 acht Mitglieder der kamerunischen Olympiamannschaft.

Ali und die Flamme

In der schwülen Nacht des 19. Juli 1996 weiß so gut wie niemand im Centennial Olympic Stadium zu Atlanta, wer an jenem 100-jährigen Geburtstag der modernen Spiele das olympische Feuer entzünden soll. Als die Schwimmerin Janet Evans mit der Fackel den Fuß des großen Podests erreicht, tritt ein Mann ganz in Weiß aus der Dunkelheit. Ehrfürchtige Stille überkommt die 85 000 Zuschauer, mit leuchtenden Augen blicken sie auf zu Muhammad Ali.

Der vielleicht größte Sportler des 20. Jahrhunderts ist zu jenem Zeitpunkt Olympiasieger, Boxlegende, globale Ikone. Und er ist von seinem Leiden schwer gezeichnet, seine fortgeschrittene Parkinson-Erkrankung lässt seine linke Hand wild zittern, nur mit Mühe kann er die Fackel greifen. Es dauert einen Moment, bis das Feuer entbrennt und mithilfe eines Kabels die Flamme auf dem Stadiondach erhellt. Grenzenloser Jubel entflammt, Tränen fließen, in all seiner Würde führt Ali den Menschen neben aller Euphorie gleichermaßen die Vergänglichkeit des Seins vor Augen. Im Anschluss bekommt Ali, dessen Job zunächst von dem in Atlanta geborenen Evander Holyfield übernommen werden sollte, noch einmal eine spezielle olympische Goldmedaille überreicht. Sie ist Würdigung seines Lebenswerks und Ersatz für sein Box-Gold von 1960, das er als Cassius Clay in Rom gewinnt und später aus Versehen verlegt. Und wie auch das Entzünden der Flamme ist sie Balsam für sein großes Herz. »Danach fühlte er sich manchmal fast wieder wie er selbst«, sagt seine Frau Lonnie im Nachhinein.

Antrag am Beckenrand

»Was machst du da?«, fragt die chinesische Wasserspringerin He Zi ihren Freund und Teamkameraden

Qin Kai am Wettkampftag des 14. August 2016 bei den Olympischen Spielen in Rio de Janeiro. Es hatte den Anschein, als ob er etwas proben würde. »Nichts«, antwortet der damals 30-Jährige. »Ich singe nur ein bisschen vor mich hin.«

Dass er damit ein klein wenig geflunkert hat, weiß He Zi spätestens bei der Übergabe ihrer Silbermedaille im Anschluss an das Springen vom 3-Meter-Brett. Denn da steht auf einmal Qin Kai, geht auf die Knie und hält mit einem Ring um ihre Hand an. Tränen fließen bei der Chinesin, die statt vieler Worte mit einem aufgelösten Nicken zustimmt. Zum Glück ist Qin Kai nicht um Worte verlegen. »Er hat da oben so viel gesagt und ganz viel versprochen«, erinnert sich He Zi, die zusammen mit ihrem Ehemann acht olympische Medaillen im hauseigenen Trophäenschrank liegen hat. »Was mich am meisten berührt hat, ist, dass ich gespürt habe, dass er derjenige ist, dem ich für den Rest meines Lebens vertrauen kann.«

Der undankbare vierte Platz

Es gilt als eines der brutalsten Schicksale im Sport: ein vierter Platz bei den Olympischen Spielen, auf dem man nach Jahren der Hingabe und eines harten Trainings nur haarscharf den Traum einer Medaille verpasst. Für Dave Mitchell ist dieser Umstand 2012 in London ein wenig zu brutal.

Der Buchhändler aus Derbyshire geht einfach zu seinem lokalen Trophäenshop, ordert ein paar extra Medaillen und schickt diese dann an Sportler, die das olympische Podium um Haaresbreite verpasst haben. »Ich finde, man sollte nicht bei drei aufhören«, sagt der historisch interessierte Mitchell. »Viertplatzierte sind keine wirklichen Verlierer. Und es wäre doch toll, wenn der Drittplatzierte noch jemanden zum Umarmen hätte.« Der Engländer schickt die knapp 25 Medaillen nicht nur an Landsleute, sondern versucht sie einigermaßen gerecht auf verschiedene Nationen und Sportarten zu verteilen. Auch wenn es ihm so manche Kritik einbringt, einen Mangel an gutem Willen kann ihm niemand vorwerfen.

Niemals aufgeben

Es ist bereits dunkel im Olympiastadion von Mexico City, Flutlichter erhellen, was von einem magischen olympischen Tag übrig ist. Auf einmal humpelt ein schwer gezeichneter Läufer aus Tansania ins Stadion, mit einer dicken, weißen Bandage am rechten Knie und einem schmerzverzerrten Gesicht. Trotzdem fängt er noch einmal an zu joggen, auch wenn alle anderen Absolventen des Rennens schon lange im Ziel sind. Aber für John Stephen Akhwari geht es hier um mehr als eine Platzierung. Denn diese tritt schon bei Kilometer 19 in den Hintergrund. Akhwari stürzt und renkt sich ein Gelenk im Knie aus, dazu trägt er Verletzungen an der Schulter und am Kopf davon. Sein Wille aber ist ungebrochen und er müht sich nach kurzer Behandlung wieder auf die Beine. Mit Polizeieskorte quält er sich ins Stadion und passiert die Ziellinie über eine Stunde später als der Goldmedaillengewinner Mamo Wolde aus Äthiopien. Was aber zu jenem Zeitpunkt niemanden mehr interessiert, vielmehr verbeugt sich die Sportwelt vor Akhwaris Durchhaltevermögen. Warum er sich so gequält habe, verrät er hinterher der neugierigen Presse: »Mein Land hat mich nicht 5000 Kilometer um die Welt geschickt, um ein Rennen zu starten, sondern um es zu beenden.« Und wie er es beendet hat.

Snoopy, Richard Nixon und Olga Korbut

Mit ihren drei Goldmedaillen am Boden, am Schwebebalken sowie mit der sowjetischen Mannschaft verzaubert Olga Korbut bei den Olympischen Spielen 1972 die Zuschauer und revolutioniert außerdem den Turnsport, der sich künftig neben Eleganz vermehrt auch auf Athletik fokussiert. Der nur knapp über

1,50 Meter große »Spatz von Minsk« wird fast über Nacht zum Weltstar. Inmitten des Kalten Krieges lädt US-Präsident Richard Nixon sie mit ihrem Team im Anschluss an Olympia ins Weiße Haus ein, nicht gerade passend für die 17-Jährige. »Wie lange soll es denn dauern? Ich habe um neun Uhr Training«, sagt sie zum sowjetischen Botschafter Anatoli Dobrynin, der ihr versichert, dass sie hinterher ganz sicher schnell in die Halle fahren.

Bei dem heiteren Treffen bemerkt Nixon, wie klein Korbut doch sei, woraufhin sie sagt, dass er ziemlich groß sei. Spätestens da ist es auch um den »Klassenfeind« geschehen, der schon bei den Olympischen Spielen in Korbut die menschliche Note hinter dem Eisernen Vorhang erkennt. Nixon meint sogar, dass der Teenager mehr für die internationale Verständigung tue, als es die Botschaften in fünf Jahren geschafft hätten. Vielleicht hat sie dabei auch einen besonderen »Kontakt«. In einem Peanuts-Comic von 1973 erzählt Snoopy nämlich während einer Turnübung auf seiner Hundehütte: »Olga Korbut fragt mich schon ständig nach Trainerstunden!«

Die erste Hürde ist die Anreise

Félix Carvajal gehört 1904 beim Marathon in St. Louis zu den absoluten Favoriten, denn seine beeindruckenden Rennvorstellungen, mit denen sich der lebenslustige Postbote in seiner kubanischen Heimat das Geld für die Anreise verdient hatte, sprechen sich vor den Olympischen Spielen bis nach Amerika herum. Carvajal schafft es zunächst aber nur bis New Orleans, wo er sein restliches Geld beim Glücksspiel verzockt und somit den Rest des Weges trampen muss. In St. Louis angekommen, kürzt er sich aufgrund der Hitze noch schnell seine Straßenhose, dann rennt er mit dem Feld los. Unterwegs klaut er einem Rennoffiziellen Pfirsiche und plaudert munter mit den Zuschauern, wobei er fleißig an seinem gebrochenen Englisch feilt. Die brütende Hitze an jenem Tag kann ihm wenig anhaben, ein fauler Apfel allerdings schon. So legt er sich mit Magenkrämpfen einfach unter den Apfelbaum und kuriert diese bei einem Nickerchen aus, bevor er weiterläuft und schließlich noch Vierter wird. Dabei hat er an der Ziellinie ein breites Grinsen auf dem Gesicht, ganz im Stile seines Vornamens, der lateinisch so viel wie »der Glückliche« bedeutet.

Geburtstag am 1. Januar

Als Geburtstag ist in Lopez Lomongs Pass der 1. Januar 1985 vermerkt. Das mag, auch wenn es da steht, nicht der Wahrheit entsprechen, so wie bei allen Ausweisen der »Lost Boys Of Sudan«, die als Bürger-kriegsflüchtlinge ohne Papiere in die USA gekommen sind.

Mit sechs Jahren wird Lomong bei der Messe aus der Kirche entführt und stirbt beinahe in Gefangenschaft, kann dann aber mithilfe anderer Dorfbewohner entkommen. Drei Tage lang schlägt er sich zusammen mit weiteren Kindern bis zur Grenze Kenias durch und verbringt sodann zehn lange Jahre im Flüchtlingscamp von Kakuma, bis er durch ein Programm zu einer Gastfamilie in New York umsiedeln kann. Hier entdeckt er seine Liebe zur Leichtathletik und fängt erneut an zu laufen, nur diesmal aus bloßer Freude. 2008 trägt der 1500-Meter-Läufer als Teilnehmer der Olympischen Spiele die Fahne der Vereinigten Staaten zur Eröffnungsfeier in Peking, wodurch viele überhaupt erst auf sein Schicksal und das der geschätzt 20 000 anderen »verlorenen Jungen des Sudan« aufmerksam werden.

Olympischer Mutterschutz

Als die Schützin Nur Suryani Taibi aus Malaysia 2012 bei den Olympischen Spielen in London teilnimmt, tut sie dies nicht allein. Denn während des 10-Meter-Luftgewehrschießens ist die damals 29-Jährige im achten Monat schwanger und hat ein zeitweise beträchtlich strampelndes Töchterchen im Bauch. Da wird es unter Umständen noch schwieriger, den mittleren Ring der Zielscheibe mit nur einem halben Millimeter Durchmesser zu treffen. »Ich sage ihr dann einfach, dass sie ein wenig ruhig sein soll, Mami muss kurz schießen«, schmunzelt die werdende Mutter. »Später kann ich ihr dann erzählen, dass sie etwas ganz Besonderes ist, schließlich war sie schon bei den Olympischen Spielen dabei, ohne überhaupt geboren gewesen zu sein.« Da bekommt dann der alte Spruch »Dabeisein ist alles« eine ganz neue Bedeutung.

Oh, wie schön ist Panama

Wenn ein Land in seiner olympischen Geschichte zuvor lediglich zwei Bronzemedaillen gewinnen kann, fällt der Jubel über die erste Goldmedaille dementsprechend frenetisch aus, wie die Spiele 2008 in Peking beweisen. 60 Jahre nach dem zweifachen Edelmetall von Sprinter Lloyd LaBeach in London holt Weitspringer Irving Saladino das erste Gold für Panama und ist damit auch der erste Mann aus Mittelamerika, dem dieses Kunststück auf der olympischen Bühne gelingt. Mit 8,34 Metern lässt er Khotso Mokoena aus Südafrika sowie den Kubaner Ibrahim Camejo hinter sich und entfacht in seiner Heimat einen schier grenzenlosen Jubel. Regierungsbüros und Schulen bleiben am Tag seiner Heimkehr geschlossen, Präsident Martín Torrijos schenkt dem neuen Nationalhelden einen Scheck über 50000 US-Dollar und benennt einen Sportkomplex nach ihm. Außerdem singen Politiker Ständchen, und der legendäre Boxer Roberto Durán überreicht »The Kangaroo«, wie Saladino genannt wird, seine Goldmedaille in einer feierlichen Zeremonie noch ein weiteres Mal. Um es mit den Worten von Janosch zu sagen: Oh, wie schön ist Panama – auf jeden Fall für einen olympischen Goldmedaillengewinner!

Lis lässt sich nicht aufhalten

Lis Hartel liebt Pferde, und sie liebt den Sport mit ihnen, insbesondere das Dressurreiten. Jedes Mal geht der jungen Dänin das Herz auf, wenn sie auf dem Rücken eines ihrer Schützlinge Platz nimmt und jeden kraftvollen wie geschmeidigen Schritt an ihren Beinen spürt. Bis sie genau dies nicht mehr vermag.

1944 erkrankt Lis Hartel im Alter von 23 Jahren während einer Schwangerschaft an Polio und ist seitdem von den Knien abwärts gelähmt, auch die Bewegungen ihrer Arme und Hände sollen für immer eingeschränkt bleiben. Aber sie bringt nicht nur ein gesundes Mädchen zur Welt, sondern gibt auch ihren geliebten Sport in der Folge nicht auf. Zwar braucht sie nun sowohl beim Aufsteigen als auch beim Absteigen Hilfe, ihre Einfühlsamkeit im Sattel trägt sie dennoch bis zu den Olympischen Spielen 1952 in Helsinki. Obwohl das Dressurreiten zur damaligen Zeit vor allem männlichen Offizieren vorbehalten ist, holt die Dänin sensationell die Silbermedaille auf ihrer Stute Jubilee. Gold geht damals an den Schweden Henri Saint Cyr – wie sich direkt nach dem Wettkampf herausstellen soll, nicht bloß im Sattel oder in der Arena: Als er Hartels Schwierigkeiten beim Absteigen sieht, geht er zu ihr hinüber, nimmt sie auf seine Arme und trägt sie mit sich auf das Podium. Vier Jahre später gewinnt Lis Hartel noch ein weiteres Mal Silber, wieder hinter ihrem schwedischen Kontrahenten, den sie und viele andere Anwesende damals aber wohl viel mehr als Mensch in Erinnerung behalten.

Ein geeintes Korea für eine Momentaufnahme

Die Grenze zwischen Nord- und Südkorea ist einer der meistbewachten Orte der Erde, die entmilitarisierte Zone dient gleichermaßen als Puffer sowie als vermintes Symbol für den andauernden Konflikt der beiden Länder. Im Jahr 2000 kann aber 50 Jahre nach dem einstigen Ausbruch des Koreakrieges bei Olympia zumindest ein kleines Zeichen für den Frieden zwischen den beiden Nachbarländern gesetzt werden. Und zwar ein ganz besonders kraftvolles.

Denn vor den Augen der Welt marschieren die Mannschaften des Nordens und des Südens unter einer gemeinsamen Flagge zur Eröffnungszeremonie der Olympischen Spiele in Sydney ein, viele der Sportler halten sich dabei an den Händen und gehen demonstrativ nebeneinander. Ihre Fahne zeigt die Umrisse der gesamten Landfläche beider Länder und sie wird vom nordkoreanischen Judo-Coach Park Young-chul sowie von der südkoreanischen Basketballerin Chung Eun-soon getragen. Auch wenn beide Delegationen nach der Eröffnungsfeier wieder unter ihren eigenen Landesfahnen antreten, ist mit der großen Geste ein winziger Funke Hoffnung entfacht. »Heute bin ich besonders stolz, Koreaner zu sein«, kommentiert unter anderem Fechter Kim Young-ho an jenem Tag.

Glück im Unglück

Nach dem Angriff auf Pearl Harbor 1941 beginnen die USA im Zweiten Weltkrieg damit, Menschen japanischer Abstammung aus ihren Häusern zu verbannen und in Internierungslager umzusiedeln. Auch Tamio Konos Familie trifft dieses Schicksal und sie hat prompt unter den schwierigen Bedingungen im Tule Lake War Relocation Center zu leiden. Für den Jungen mit dem Spitznamen »Tommy« ist es aber Fluch und Segen zugleich. Denn die Bergluft tut nicht nur seinem Asthma gut, er fängt aus lauter Langeweile im Camp auch an, Gewichte zu stemmen. Nach dem Krieg bewahrt er sich diese Leidenschaft, ist plötzlich als talentierter Gewichtheber ein gefragter Mann und kommt durch seine sportlichen Leistungen sogar um einen aktiven Fronteinsatz im Koreakrieg herum. 1952 und 1956 darf das einstige »nationale Sicherheitsrisiko«, als das japanischstämmige Amerikaner während des Zweiten Weltkrieges gesehen wurden, sogar mit den Stars and Stripes auf der Brust bei Olympia antreten und beschert seinem Land zwei Goldmedaillen im Leichtgewicht bis 67,5 Kilogramm. 1960 holt er mit Silber in Rom direkt noch eine Medaille.

Eine Metapher für das Leben

Im Jahr 1984 reisen 34 Athleten für Marokko zu den Olympischen Spielen in Los Angeles, davon sind 33 Männer. Als einzige Frau tritt Nawal El Moutawakel an und gewinnt obendrein direkt das erste olympische 400-Meter-Hürdenrennen der Damen überhaupt. Mit ihrem monumentalen Erfolg beschert die in den USA lebende Marokkanerin ihrer Heimat nicht nur die erste Goldmedaille der Geschichte, sondern wird zugleich auch die erste muslimische Frau, die sich diesen begehrten Preis um den Hals hängen darf. Damit wird El Moutawakel zur nationalen und internationalen Ikone, auch weil sie ihren Erfolg in inspirierende Worte wie diese zusammenfasst: »Mein Rennen als Leichtathletin waren die 400 Meter Hürden, aber eigentlich ist das eine Metapher für mein ganzes Leben. Man muss auch im Alltag über die Hürden springen und weiterlaufen.«

Die Sekunde, die nicht enden will

Shin A-lam sitzt eine lange Stunde einsam auf der »Piste«, der Fechtbahn, um sie herum herrscht Dunkelheit. Tränen fließen ihre Wangen hinunter, ungläubig blickt sie ins vermeintliche Nichts. So sehr sie auch versucht, sich innere Fragen zu beantworten, ihr will es einfach nicht gelingen. Zu schwer, zu niederschmetternd wiegt das drohende Schicksal auf ihr und ihren Träumen. Dann die Gewissheit: Ihre Gegnerin Britta Heidemann bekommt den Sieg zugesprochen, der südkoreanische Protest im Namen Shins ist umsonst.

In ihrem Fecht-Halbfinale bei den Olympischen Spielen sorgt Shin fast für das Ausscheiden der deutschen Favoritin, in der Verlängerung muss sie nur noch das Unentschieden über die Zeit bringen, damit ihr der Sieg zugesprochen wird. Bei nur noch einer Sekunde auf der Uhr scheint Shin die sichere Siegerin zu sein, zumal sie frenetische Attacken Heidemanns per Doppeltreffer abwehrt. Aus Versehen startet der Zeitnehmer die Uhr während eines Stopps bei 0,02 Sekunden und die Uhr läuft ab. Der Zeitmesser kann aber nur auf eine ganze Sekunde zurückgesetzt werden, und in dieser landet Heidemann den finalen Treffer. Eigentlich wäre dafür so gut wie keine Zeit mehr gewesen, aufgrund der unglücklichen Fehlerkette aber verliert Shin den Kampf.

Nach einer Stunde des Wartens, in der sie getreu den Fechtmodalitäten die Bahn nicht verlässt, und dem harten Urteil verliert sie auch ihren Kampf um Bronze. Einziger schwacher Trost bleibt die Silbermedaille im Teamwettbewerb mit der südkoreanischen Mannschaft fünf Tage später, der Shins Einsamkeit zumindest für einen Moment vergessen macht.

Die Freundschaft zweier Männer

Jesse Owens ist nervös. 100 000 Menschen sehen auf ihn herab, wie er zwischen den Vorläufen über 200 Meter und dem Weitsprung im Berliner Olympiastadion hin und her pendeln muss. Da spürt er auf einmal eine weiße Hand auf seiner schwarzen Schulter.

Luz Long, eigentlicher deutscher Konkurrent und Aushängeschild des NS-Regimes, nimmt den in der Rassenlehre der Nazis verachteten Afroamerikaner beiseite und beruhigt ihn. Die Männer sprechen miteinander, in bloßer Anerkennung für ihren sportlichen Geist. Sie lachen, ganz besonders nachdem Owens mit 8,06 Metern zu Gold geflogen ist. Long ist erster Gratulant, geht als Silbermedaillengewinner Arm in Arm mit Owens auf die Ehrenrunde. »Das vor den Augen Hitlers zu tun, bewies ein riesiges Maß an Courage«, so Owens später. Die Nazioberen auf den Rängen toben innerlich, sie sollen Long später für seine Freundlichkeit gegenüber dem dunkelhäutigen Amerikaner rügen. Aber das zählt in diesem Moment nicht, nicht für die beiden, die auch in der Folge ein Symbol für das Überwinden rassistischen Hasses darstellen – mit ihrem Bund, der bis in den Tod Bestand hat.

Sie trinken im olympischen Dorf noch einen Kaffee zusammen, dann trennen sich ihre Wege. Die beiden Sportler schicken sich stetig Briefe über den Atlantik, auch als Long in die NSDAP eintritt und mit der Wehrmacht im Zweiten Weltkrieg an die Front geschickt wird. Hier stirbt er 1943, nachdem er in Sizilien eine tödliche Schusswunde erlitten hat. In seinem letzten Brief schreibt er Owens kurz zuvor: »Mein Herz spürt, dass dies der letzte Brief ist, den ich an dich schreibe. Wenn es so ist, dann möchte ich dich um einen Gefallen bitten. Gehe, wenn der Krieg vorbei ist, nach Deutschland und finde meinen Sohn Karl. Erzähl ihm von den Zeiten, Jesse, als der Krieg uns nicht trennte. Und erzähl ihm, wie die Dinge auf dieser Welt zwischen Menschen sein können.«

ÜBER DEN AUTOR

Moritz Wollert, Jahrgang 1984, studierte nach Abitur und Zivildienst Sportmanagement. Nach einigen Jahren in diesem Beruf folgte er seiner Leidenschaft für das geschriebene Wort und machte sich 2018 als freier Redakteur und Autor selbstständig. Seit seiner frühesten Kindheit verfolgt er alle vier Jahre mit Begeisterung die Olympischen Spiele. Der gebürtige Rheinländer lebt mit Frau und zwei Söhnen in Tönning.

176 Seiten
10,00 € (D) | 10,30 € (A)
ISBN 978-3-7423-2393-4

Götz, Felix | Wollert, Moritz

Unnützes Handballwissen

Die kuriosesten Fakten rund um den geilsten Sport der Welt

Zerrungen? Fingerbrüche? Muskelfaserrisse? »Halt die normalen Sachen«, so Handballlegende Stefan Kretzschmar. Auf jeden Fall keine Verletzungen, die ein Trainer akzeptieren würde. Und das macht deutlich, warum dieser Sport zu den härtesten und rasantesten der Welt zählt. Geprägt von echten Typen, die den Ball ansatzlos aus dem Handgelenk ins Kreuzeck jagen. Von beinharten Brocken in unüberwindbarer Verteidigung. Und wahrhaft magischen Spielgestaltern. Wussten Sie, dass der legendäre Torhüter »Hexer« Thiel heute als Anwalt tätig ist? Dass das Kieler Arbeitsamt Bundestrainer Gislason als »nicht vermittelbar« einstufte? *Unnützes Handballwissen* destilliert die besten Anekdoten aus den letzten 50 Jahren des geilsten Sports der Welt.

riva

FILIPPO CATALDO

UNNÜTZES BUNDESLIGA WISSEN

ALLES, WAS MAN IN DER SPORTSCHAU NICHT ERFÄHRT

riva

Auch als E-Book erhältlich

224 Seiten
9,99 € (D) | 10,30 € (A)
ISBN 978-3-7423-0417-9

Cataldo, Filippo

Unnützes Bundesligawissen

Alles, was man in der Sportschau nicht erfährt

Wer war der jüngste Spieler der Bundesligageschichte? Und wer war der älteste? Wer kann auf die längste Bundesligakarriere zurückblicken? Was waren die verrücktesten Verletzungen – auf und abseits des Fußballplatzes? Welcher Spieler hält den Eigentorrekord? Wer schoss den härtesten Ball? Wie kam Thorsten Frings zu seinem Spitznamen »Lutscher«? Was bekommt man, wenn man in einer Bremer Kneipe einen – nach dem gleichnamigen Schiedsrichter benannten – »Ahlenfelder« bestellt?
Die Bundesliga hat seit ihrer Gründung 1963 unzählige – teilweise auch skurrile – Rekorde, Legenden, Anekdoten und Helden kreiert. Amüsant, verblüffend, mal abseitig, mal trivial, oft unnütz, aber immer interessant sind die Fakten und Geschichten über die Bundesliga und ihre wichtigsten Vereine in diesem Buch. Wer am Stammtisch mitreden will, kommt an diesem Meisterwerk nicht vorbei.

riva

144 Seiten
10,00 € (D) | 10,30 € (A)
ISBN 978-3-7423-2224-1

Ries, Marco

Unnützes Skisprungwissen

Die kuriosesten
Fakten rund um
den wundervollsten
Wintersport

Skispringer stürzen wagemutig von riesigen Schanzen – und sorgen dabei für aberwitzige Geschichten: So sprang der legendäre Janne Ahonen 2005 mit 240 Metern weiter als je ein Skispringer zuvor. Trotz Sturz bei der Landung weigerte er sich, im Krankenhaus behandelt zu werden, weil er befürchtete, die Ärzte könnten herausfinden, dass er betrunken war. Legendär auch Renndirektor Walter Hofer, der während eines Weltcups zur Motorsäge griff, weil die Sprünge zu weit gingen. Kurzerhand verkürzte er die Schanze, indem er einen Teil des Schanzentisches absägte. Diese und viele weitere großartige Anekdoten aus der Welt der Schanzen und Skier hält *Unnützes Skisprungwissen* bereit.